Enterprise Transformation and Upgrading Path Selection and Implementation Strategy

Technology Innovation and Value Innovation Coupling Perspective

企业转型升级路径选择及其实现策略

技术创新与价值创新耦合视角

刘锦英◎著

中国经济出版社
CHINA ECONOMIC PUBLISHING HOUSE
北 京

图书在版编目（CIP）数据

企业转型升级路径选择及其实现策略：技术创新与价值创新耦合视角 / 刘锦英著．--北京：中国经济出版社，2023．10

ISBN 978-7-5136-7483-6

Ⅰ．①企… Ⅱ．①刘… Ⅲ．①企业升级-研究-中国 Ⅳ．①F279．23

中国国家版本馆 CIP 数据核字（2023）第 184136 号

组稿编辑　崔姜薇
责任编辑　丁　楠
责任印制　马小宾
封面设计　久品轩

出版发行　中国经济出版社
印 刷 者　北京富泰印刷有限责任公司
经 销 者　各地新华书店
开　　本　710mm×1000mm　1/16
印　　张　12
字　　数　190 千字
版　　次　2023 年 10 月第 1 版
印　　次　2023 年 10 月第 1 次
定　　价　78．00 元
广告经营许可证　京西工商广字第 8179 号

中国经济出版社　**网址** www．economyph．com　**社址** 北京市东城区安定门外大街 58 号　**邮编** 100011
本版图书如存在印装质量问题，请与本社销售中心联系调换（联系电话：010-57512564）

前言

新中国成立以来，中国经济快速发展的同时，也产生了诸如资源利用率不高、环境污染严重、关键技术自给率低、产品附加值不高、产业结构不合理等问题。为了解决这些问题，近年来，转型升级一直是中国政府调整经济结构、促进发展的主题，作为经济转型升级立足点的企业转型升级问题也就成了学术界关注的热点。然而，时至今日，大量中国企业的处境依然不容乐观，既显示了转型升级之难，也表明理论探索任重而道远。

事实上，企业转型升级的本质是创新，关键在于选择合适的转型升级路径。对于企业转型升级的路径，尽管很多研究都强调了技术创新、价值创新是重要推动力量，但主要还是侧重于分析企业转型升级可能采用的路径以及这些路径本身的特点，不仅未能关注技术创新和价值创新的耦合关系对企业转型升级路径的影响，也缺乏对路径选择背后支配机制的探讨。因此，如何从技术创新和价值创新的耦合视角出发，探讨企业转型升级的路径类型、路径选择背后的支配机制，以及企业转型升级的实现对策，已成为极富研究价值的课题。

基于以上认识，本书综合运用了文献研究、理论分析、专家咨询、实地访谈及案例分析等方法，基于技术创新和价值创新理论，深入分析技术创新和价值创新之间的关系，探讨技术创新和价值创新作用于企业转型升级的机制，解析技术创新与价值创新之间的耦合关系并从二者的耦合关系出发揭示企业转型升级的路径类型，剖析企业转型升级路径选择背后的支配机制，并提出促进企业转型升级的策略。研究结果从理论上拓展对技术创新与价值创新关系的认识，为企业转型升级路径研究提供新的分析思路，丰富与深化技术创新、价值创新以及企业转型升级理论，在一定程度上促进理论之间的融合与对话，从实践上拓展企业管理者对技术创新、价值创新以及企业转型升级路径的认识，为企业管理者选择合适的转型升级路径提供理论借鉴和决策参考。

本书是在国家社会科学基金研究报告“技术创新与价值创新耦合视角的中国企业转型升级路径选择及其实现策略研究”的基础上，经过修订而最终成稿。与之前的研究报告相比，本书更新了统计数据，补充了新的文献及案例资料，完善了部分研究内容。

第1章，绪论。基于中国经济发展呼唤企业转型升级的现实需求，结合当前文献对企业转型升级路径观点上的分歧，提出了本书的研究主题——从技术创新和价值创新的耦合视角出发探讨企业转型升级的路径选择及其实现对策。之后，阐述研究意义，明确研究的目标与研究运用的主要方法，简要介绍研究内容、研究思路，构建研究框架并对研究的创新之处进行概括性描述。

第2章，文献综述与相关理论。对企业转型升级的路径、企业转型升级的实现对策、价值创新与企业转型升级、技术创新与企业转型升级、价值创新与技术创新的关系等几个方面的文献进行回顾，发现当前研究存在的问题：不同学者基于不同的理论思考为企业勾画了不同的转型升级路径并提出不同的对策，但理论的融合与对话不足，引发企业路径选择困惑；对技术创新与价值创新关系的认识有待进一步深化；仅针对特定属性企业进行研究的方式减弱了当前转型升级研究对实践的解释力与指导价值；未能关注技术创新和价值创新的耦合关系对企业转型升级路径的影响，缺乏对路径选择背后支配机制的探讨。通过文献回顾与评述，明确了研究的着力点。对技术创新理论和价值创新理论的主要内容进行概述；对企业转型升级、技术创新以及价值创新的内涵进行界定并对企业属性进行设定。

第3章，技术创新与价值创新的关系分析。技术创新与价值创新之间关系的模糊性不利于创新理论与实践的发展。通过对技术创新与价值创新的多维度对比，从微观层面对技术创新和价值创新之间的关系进行揭示，发现二者之间存在两种分离状态：无技术创新的价值创新、无价值创新的技术创新；四种融合状态：技术创新包含价值创新、价值创新包含技术创新、技术创新等于价值创新、技术创新与价值创新部分重叠。而且，本章发现技术创新和价值创新之间的关系状态不是固定不变的，而是可以相互转化的。

第 4 章，企业转型升级路径：技术创新与价值创新耦合视角。分析技术创新和价值创新作用于企业转型升级的机制，探讨技术创新和价值创新之间的耦合关系，从二者的耦合关系出发提出可供企业选择的六种具体的转型升级路径类型：技术创新独占型；价值创新独占型；技术创新与价值创新并列型；技术创新引领型；价值创新引领型；技术创新与价值创新并进型。从内涵、特点、关注焦点、适用条件、升级机制、能力要求、升级效果的持久性等不同方面对几种转型升级路径进行对比并剖析转型升级路径与企业属性的关联性。然后，以三全食品股份有限公司和河南鸽瑞复合材料有限公司的转型升级实践为例，分析两家公司不同发展阶段采用的转型升级路径，对提出的理论进行验证。

第 5 章，企业转型升级的路径选择：高层管理者认知视角。在对高层管理者认知、环境、决策行为关系进行分析的基础上，对高层管理者认知影响企业转型升级路径选择的机理进行理论分析与案例研究。研究表明，高层管理者认知是企业转型升级路径选择的支配机制；企业转型升级的路径选择决策可以细分为做出转型升级决策和选择转型升级路径两个阶段，这两个阶段的决策会受到高层管理者对内外环境的洞察性认知、重塑性认知及匹配性认知的支配。其中，高层管理者的洞察性认知和重塑性认知状况共同决定了企业转型升级的决策，高层管理者的匹配性认知状况直接决定了企业选择的转型升级路径。

第 6 章，企业转型升级的实现对策。从顾客价值分析框架的构建、价值创新商业模式的建立、基于价值链视角的价值创新途径的剖析、技术创新能力建设、高层管理者认知能力的建设、融资能力的建设、政府的作用等方面，探讨企业转型升级的实现对策。其中，前三个方面属于推动价值创新实现的具体对策，包括：基于权变理论来构建顾客价值分析框架，并利用该框架对顾客价值进行分析；融合顾客价值理论，构建合适的价值创新商业模式；通过价值链垂直集成、价值链内部集成、价值链收缩与重构、价值链网络化、价值链跨越、价值链深化、价值链延伸等不同方式对价值链进行分解与整合，促进价值创新的实现。

第 7 章，结论与展望。本章主要对研究内容进行归纳与总结，指出研究的局限性并对未来的研究方向进行展望。

本书的写作完成，源于 2016 年获批的国家社会科学基金一般项目（编号：16BGL036）的研究工作，感谢全国哲学社会科学规划办公室提供的课题立项机会及资金资助，使我能够沉下心来，认真思考企业转型升级面临的问题，为企业破解转型升级难题尽一点绵薄之力。感谢河南大学商学院提供的出版资助，感谢学院领导及同事在出版社选择、出版手续办理、合同签订等方面提供的大力支持。出版社的丁楠编辑为本书出版付出了辛勤汗水，特此致谢！

刘锦英

2023 年 8 月 1 日

目 录

1 绪 论 / 001

1.1 研究背景 / 003

1.1.1 中国经济发展呼唤转型升级 / 003

1.1.2 经济转型升级的基石：企业转型升级 / 006

1.2 问题提出 / 007

1.3 研究意义 / 009

1.3.1 理论意义 / 010

1.3.2 实践意义 / 011

1.4 研究目标与研究内容 / 012

1.4.1 研究目标 / 012

1.4.2 研究内容 / 013

1.5 研究方法与数据收集 / 014

1.5.1 研究方法 / 014

1.5.2 案例选择 / 015

1.5.3 数据收集 / 016

1.6 研究思路与研究框架 / 016

1.7 主要创新点 / 017

1.8 本章小结 / 020

2 文献综述与相关理论 / 021

2.1 文献综述 / 023
2.1.1 企业转型升级的路径 / 023
2.1.2 企业转型升级的实现对策 / 024
2.1.3 价值创新与企业转型升级 / 025
2.1.4 技术创新与企业转型升级 / 025
2.1.5 价值创新与技术创新的关系 / 026
2.1.6 研究述评 / 026
2.2 理论基础 / 028
2.2.1 技术创新理论 / 028
2.2.2 价值创新理论 / 029
2.3 概念界定 / 030
2.3.1 企业转型升级 / 030
2.3.2 技术创新 / 032
2.3.3 价值创新 / 034
2.4 企业属性设定 / 034
2.5 本章小结 / 036

3 技术创新与价值创新的关系分析 / 037

3.1 相关研究回顾 / 039
3.2 技术创新与价值创新的多维对比 / 041
3.3 技术创新与价值创新的分离 / 043
3.3.1 无技术创新的价值创新 / 044
3.3.2 无价值创新的技术创新 / 044
3.4 技术创新与价值创新的融合 / 045
3.4.1 技术创新包含价值创新 / 045
3.4.2 价值创新包含技术创新 / 046

3.4.3 技术创新等于价值创新 / 046
3.4.4 技术创新与价值创新部分重叠 / 047
3.5 本章小结 / 047

4 **企业转型升级路径：技术创新与价值创新耦合视角** / 049

4.1 技术创新、价值创新作用于企业转型升级的机制 / 051
4.1.1 技术创新作用于企业转型升级的机制 / 051
4.1.2 价值创新作用于企业转型升级的机制 / 053
4.2 技术创新与价值创新的耦合关系 / 054
4.2.1 非直接耦合关系 / 054
4.2.2 直接耦合关系 / 054
4.3 基于技术创新与价值创新耦合的企业转型升级路径 / 055
4.3.1 技术创新独占型 / 055
4.3.2 价值创新独占型 / 056
4.3.3 技术创新与价值创新并列型 / 057
4.3.4 技术创新引领型 / 058
4.3.5 价值创新引领型 / 058
4.3.6 技术创新与价值创新并进型 / 060
4.4 转型升级路径与企业属性的关联性 / 064
4.5 案例分析1：三全食品 / 065
4.5.1 三全食品概况 / 065
4.5.2 三全食品转型升级路径分析 / 066
4.6 案例分析2：鸽瑞公司 / 074
4.6.1 鸽瑞公司概况 / 074
4.6.2 鸽瑞公司转型升级路径分析 / 075
4.7 本章小结与管理启示 / 080
4.7.1 本章小结 / 080
4.7.2 管理启示 / 082

5 企业转型升级的路径选择：高层管理者认知视角 / 085

5.1 研究基础 / 088
5.1.1 企业转型升级的路径界定 / 088
5.1.2 高层管理者认知、环境与决策行为的关系 / 089
5.2 理论分析与命题提出 / 091
5.2.1 基于企业转型升级路径选择决策的高层管理者认知类型 / 091
5.2.2 高层管理者认知与企业转型升级决策 / 092
5.2.3 高层管理者认知与企业转型升级路径选择 / 095
5.3 案例分析 1：三全食品 / 097
5.3.1 高层管理者的洞察性认知及重塑性认知与转型升级决策 / 097
5.3.2 高层管理者的匹配性认知与转型升级路径选择 / 100
5.4 案例分析 2：鸽瑞公司 / 102
5.4.1 高层管理者的洞察性认知及重塑性认知与转型升级决策 / 102
5.4.2 高层管理者的匹配性认知与转型升级路径选择 / 104
5.5 本章小结与管理启示 / 105
5.5.1 本章小结 / 105
5.5.2 管理启示 / 106

6 企业转型升级的实现对策 / 109

6.1 构建基于权变理论的顾客价值分析框架 / 112
6.1.1 顾客价值权变性的内涵 / 112
6.1.2 顾客价值的多维权变性 / 113
6.1.3 顾客价值分析框架构建 / 118
6.1.4 分析框架管理启示 / 121
6.2 构建合适的价值创新商业模式 / 122
6.2.1 当前价值创新商业模式的主要内容 / 122
6.2.2 顾客价值的内涵与构成 / 124

6.2.3 价值创新理论与顾客价值理论的融合基础 / 126
6.2.4 顾客价值视角的价值创新商业模式反思 / 126
6.2.5 融入顾客价值理论的价值创新商业模式发展对策 / 128
6.2.6 价值创新商业模式研究启示 / 130
6.3 通过对价值链的分解与整合进行价值创新 / 131
6.3.1 价值链垂直集成 / 131
6.3.2 价值链内部集成 / 132
6.3.3 价值链收缩与重构 / 133
6.3.4 价值链网络化 / 133
6.3.5 价值链跨越 / 134
6.3.6 价值链深化 / 134
6.3.7 价值链延伸 / 135
6.4 加强技术创新能力建设 / 136
6.4.1 增加研发投入 / 136
6.4.2 注重利用创新网络 / 137
6.5 加强高层管理者认知能力建设 / 140
6.6 加强融资能力建设 / 142
6.7 政府应适时助推企业转型升级 / 143
6.8 本章小结 / 148

7 结论与展望 / 151

7.1 研究结论 / 153
7.2 研究不足与展望 / 155

参考文献 / 157

附录 调研提纲 / 177

1

绪 论

近年来，转型升级一直是中国政府促进经济发展的重要主题，也是中国企业管理者迫切想要解决的重大管理问题，作为经济转型升级立足点的企业转型升级问题也就成了学术界关注的热点。现有研究已经对企业转型升级的动因、影响因素、战略、路径、实现机制、风险、升级绩效等方面进行了不同程度的探讨。然而，时至今日，大量中国企业的处境依然不容乐观，既显示了转型升级之难，也表明理论探索任重而道远。事实上，企业转型升级的本质是创新，关键在于选择合适的转型升级路径。对于企业转型升级的路径，很多研究都强调技术创新、价值创新是企业转型升级的重要推动力量，但以往研究主要是分析企业转型升级可能采用的路径以及这些路径本身的特点，不仅未能关注技术创新和价值创新的耦合关系对企业转型升级路径的影响，还缺乏对路径选择背后支配机制的探讨。因此，如何从技术创新和价值创新的耦合视角出发，探讨企业转型升级的路径类型、路径选择背后的支配机制，以及企业转型升级的实现对策，已成为一个亟待研究的重要课题。

1.1 研究背景

1.1.1 中国经济发展呼唤转型升级

新中国成立70多年来，尤其是改革开放以来，中国经济快速发展，创造了历史上从未有过的繁荣与辉煌，实现了经济大国的梦想。据统计，按汇率折算，中国的国内生产总值（GDP）从2010年起开始超过日本，成为仅次于美国的第二大经济体。如果按购买力平价（PPP）计算，中国的

GDP 从 2014 年已经开始超过美国，成为世界第一大经济体。自从 2001 年加入 WTO 后，中国的对外贸易突飞猛进。2017 年以来，中国每年的对外贸易总额已经超过 4 万亿美元，居世界第一位。如今，中国制造业意气风发。大中型客车、通信设备、起重机、盾构机、空调、微波炉、大型拖拉机、大型矿山装备、特高压装备、智能手机等一批高端产品成为世界制造皇冠上的明珠，华为的通信设备、格力的空调产品居世界第一，出口到 100 多个国家和地区，宇通客车批量出口到 30 多个国家和地区，双汇"蛇吞象"并购美国斯密斯菲尔德，郑煤机成功收购德国巨头博世电机，一批中国企业勇敢地走出去参与全球竞争（张辉，2019）。据统计，2018 年，我国工业增加值占全世界的份额超过了 28%，已经成为全球制造业增长的重要驱动力。在世界 500 多种主要工业产品当中，中国有 220 多种工业产品的产量位居第一。目前，中国已拥有 41 个工业大类、207 个工业中类、666 个工业小类，形成了独立完整的现代工业体系，是全世界唯一拥有联合国产业分类中全部工业门类的国家（工业和信息化部，2019）。2022 年 8 月 3 日，美国《财富》杂志（*Fortune Magazine*）发布了新一期世界 500 强公司排行榜。在这份榜单中，有 145 家公司来自中国，上榜企业数量中国已连续 4 年位居第一（历史上首次超过美国是 2019 年）。除了数量，中国企业的规模也在扩大。2022 年《财富》世界 500 强的平均营收为 755.5 亿美元，总资产 3200 亿美元，净资产 419.6 亿美元。进入排行榜的中国企业平均营收达到 809.8 亿美元，总资产 3580 亿美元，净资产 431.8 亿美元，均超过世界 500 强的平均水平。与之形成鲜明对比的是，1999 年出版的《财富》杂志评出的全球企业 500 强排行榜中，中国内地仅有 5 家企业入榜。根据国家统计局 2019 年 7 月的报道，1979—2018 年，中国 GDP 年平均增长率达到了 9.4%，而同一时期世界经济的增长率只有 2.9%。其中，1978—2017 年，中国 GDP 的年均名义增速高达 14.5%，剔除年均 4.8%的通胀率，年均实际增速仍高达 9.3%。按照经济学家林毅夫（2017）所说，"以这么高的速度持续这么长时间的增长，人类历史上不曾有过"。著名的诺贝尔经济学奖得主 Ronald Coase 认为 1978 年中国的改革开放是"二战"以后人类历史上最为成功的经济改革运动，创造了人类经济发展史上的奇迹（张建平、沈博，2018）。

中国所取得的“经济奇迹”固然可喜，但正如广东省政府参事陈鸿宇所说，“总量是上去了，可这只是看上去很美”。因为这些奇迹的取得，主要是依赖廉价资源、大规模投资以及廉价劳动力，而且中国为此也付出了巨大代价，如资源被严重损耗、生态环境遭严重破坏。这种粗放型的经济发展模式，存在很多问题：资源利用率低下，环境污染严重，关键技术自给率低，产品技术含量低，产品附加值不高，产业结构不合理等。这些已成为制约中国从经济大国转向经济强国的软肋。据统计，2009 年中国 GDP 占世界 GDP 总量的 5.5%，却消耗了全世界 40%的煤炭、54%的水泥、60%左右的钢和铁、70%左右的油和气，即中国单位 GDP 的耗损是工业国家的 6 倍。原环境保护部环境规划院副院长兼总工程师王金南在广东肇庆召开的“2016 中国环保上市公司峰会”上指出，几乎所有与大气污染物有关的指标的排放，中国在全世界都是第一，这使得中国在大气环境污染治理方面面临着前所未有的压力。而且，现在中国的很多企业，依然处于国际产业价值链的中低端位置，获利微薄。比如，从美国《财富》杂志 2022 年发布的世界 500 强榜单中可以看出，中国超大企业与世界超大企业最明显的差距就是盈利能力偏低。世界 500 强公司的平均利润为 62 亿美元，而中国上榜企业的平均利润仅为 41.2 亿美元，比 500 强公司的平均利润低 50%。也就是说，中国企业尽管从数量、资产规模、营收上看在整体迅速提升，和世界比肩，但是盈利能力并没有达到世界 500 强的平均水平，和美国 500 强企业更是相差甚远（张友红，2019）。所以，随着人口红利、资源红利的逐渐消失，土地、资金成本的不断上升，中国这种粗放型的经济发展模式难以为继。为了提升经济发展的质量，实现经济持续稳定发展，转型升级势在必行。

事实上，对于改革开放后形成的粗放型经济发展模式的缺陷，中国政府也早已察觉，并将推动经济发展转型升级作为政府的重要目标之一。比如，2012 年党的十八大报告提出，要坚持走新型工业化道路，推进经济结构战略性调整是加快转变经济发展方式的主攻方向。2017 年，在党的十九大上，习近平总书记明确提出“推进经济发展转型升级，建设现代化经济体系，推动中国经济发展走上高质量、可持续的新路子”。在政府推动及各方的努力下，中国经济的转型升级已经初见成效。比如，根据《中国应对气候变化的政策与行动 2022 年度报告》，2021 年，单位 GDP 二氧化碳排放比 2020 年降低 3.8%，比 2005 年累计下降 50.8%，非化石能源占一次能源消费比重达到 16.6%，风电、太阳能发电总装机容量达到 6.35 亿千瓦，单位 GDP 煤炭消耗显著降低，森林覆盖率和蓄积量连续 30 年实现“双增长”，全国碳排放权交易市场启动一周年，碳市场碳排放配额（CEA）累计成交量达 1.94 亿吨，累计成交金额为 84.92 亿元。这些转型成绩的取得，说明中国的应对措施是有效的，但这不代表中国已经找到了一个完整的发展路径（张建平、沈博，2018）。由于没有现成的发展路径可供借鉴，中国经济的转型升级绝非一朝一夕能够实现的，还需要我们不断探索前进。

1.1.2 经济转型升级的基石：企业转型升级

从文献研究和转型升级的实践看，转型升级的主体可以是国家、行业或产业，也可以是企业（毛蕴诗、李田，2014）。或者说，转型升级不仅可能是一个群体现象，更可能是一个个体现象。从群体上看，随着经济发展，发达国家的先进企业需要通过产业转移，剥离出附加值低的环节，进行外包，或者在全球范围内寻求成本低廉的运营区域，组织生产、研发等活动，以达到降低成本、增加利润的目的。世界上发生的三次产业大转移，就是转出国家的经济需要转型升级的表现，所以，从群体上看，转型升级的主体可以是国家，也可以是行业或产业。从个体上看，转型升级的最终落脚点是每个独立的企业，产业的转型升级或国家层面的经济转型升级都需要通过企业这个主体来实现。

从政策角度看，在宏观层面和中观层面，各级政府与行业主管部门可以从各自的视角出发，制定相应的转型升级政策与行动举措，引领转型升级方向，但转型升级能否实现，最终取决于微观的企业层面能否配合与执行效果。因为在三个分析层面中，企业才是转型升级的直接执行主体，也是转型升级成果的直接受益者，企业所在的产业部门或国家仅提供了转型升级决策的背景。如果企业对国家、行业的倡导视而不见，面对政策的引领无动于衷，国家整体或产业层面的经济转型升级将无法实现。可以说，企业转型升级是宏观或中观层面经济转型升级的微观基础，对企业转型升级的研究有助于更好地把握宏观及中观层面经济转型升级的微观机理（邓少军，2010）。

从研究成果来看，无论是中观的产业层面或宏观的国家层面的经济转型升级问题，还是微观企业层面的转型升级问题，已有研究都有所关注，但相对而言，对企业转型升级问题的研究还有待深入（吴家曦、李华燊，2009）。

综合以上分析，无论是从转型升级主体、政策执行，还是从已有的研究成果看，如何促进企业转型升级均是一个有价值的研究课题。

1.2 问题提出

企业发展的兴衰史表明，市场上难有常胜将军。从近年来的企业统计数据来看，中国企业的平均寿命只有 3.9 年，中小企业的平均寿命更短，只有 2.5 年。1982 年，美国管理学家托马斯·彼得斯和罗伯特·沃特曼两位作者所著的《追求卓越》一书出版时，旁氏公司（Chesebroug-Ponds）、弗卢尔公司（Fluor）、阿塔利公司（Atari）、得吉计算机公司（Data General）、国家半导体公司（National Semiconductor）曾被作为优秀公司典型案例在书中进行介绍，但仅两年之后，这些公司就“泯然众人矣”。在《追求卓越》出版五年内，在它所认定的模范企业中，更是有 2/3 都从行业领袖的高位跌下（W. 钱·金、勒妮·莫博涅，2016）。2005 年 10 月，爱立信收购马可尼；2006 年 3 月，阿尔卡特与朗讯合并；2006 年 6 月，诺基亚与西门子合并（希文，2018），这些世界范围内知名公司的兼并整合表明企业持续发展之难。

在激烈的市场竞争中，没有企业不需要转型升级。华为创始人任正非在其《华为的冬天》一文中提到，企业的死亡是永恒的，这一天一定会到来。对于这种残酷的现实，企业都不能抗拒。然而，如果企业能够清醒地认识到自身存在的问题，及时进行转型升级，就应该能够延缓这个时刻的到来。吴晓波（2017）认为，只要企业做了十年、二十年左右，企业自身一定经历过三到四次转型升级。当企业发展遇到问题时，总是能够实现转型升级的企业将会持续稳健发展，凡是不能及时转型升级的企业，不论曾经多么辉煌，也难逃衰落的命运，甚至可能退出历史舞台。可以说，转型升级是每个旨在基业长青的企业在发展过程中都会遇到的难题。

企业转型升级不但需要管理者意识到“需要改变”，还包括“从何改变”和“如何改变”。当企业发展遇到困境，管理者也许能够意识到需要改变，但对于从何改变及如何改变，可能就模糊不清了。其中，“从何改变”就是指升级路径的选择，路径的选择是确定“如何改变”的前提。对于路径选择，有人认为“条条大路通罗马”。但很显然，不同的道路对企业能力、资源的要求不同，到达目标需要付出的努力也不一样。更为关键的是，大路在哪里？有哪些路径可供企业选择？面对不同的路径，企业是如何做出选择的？还没有研究能给出清晰的回答。还有人认为，在创新这样一个不确定和复杂的过程中，运气起了一部分作用。的确，有时候一次幸运所带来的好处足以涵盖几次后续的失败。但一旦运气带来的盈利空间不断萎缩，企业又缺乏转型升级的能力，就会出现增长乏力、业绩下滑甚至破产倒闭的局面。所以，真正的成功在于掌握重复取得成功的诀窍，在于学习和重复这些行为的能力（Tidd 等，2005），而不能寄希望于偶然发生的成功。显然，如果企业能提前明白转型升级的不同路径的特点、不同路径对企业资源能力方面的要求、路径选择背后的支配机制，并且能始终如一地选择恰当的路径，转型升级便更有可能成功。

党的十八大之后，国家对经济需要转型升级已经从上到下达成了共识，但对于具体如何推进，还存在很多不同的观点。同样地，对于企业转型升级的路径，也有很多研究给予了关注，但至今尚存观点上的分歧。一个明显的事实是，企业转型升级与创新存在着某种必然联系，尤其是企业在技术方面、客户价值方面的创新是决定其转型升级的主要力量。文献回顾发现，大部分研究聚焦于企业研发网络的构建、技术能力的积累、技术创新能力的培育等因素对转型升级的影响（刘洋等，2013；杨桂菊，2010；孔伟杰，2012），强调企业需要依靠技术创新进行转型升级，如格力电器、华为。另有部分研究关注客户价值曲线重构、价值获取、重构价值主张等方式对企业转型升级的作用（Kim、Mauborgne，2015；Liu、Wei，2013），认为企业可以凭借价值创新实现突围，如阿里巴巴、方正。还有研究提出，企业若想实现真正的创新追赶，需努力做到技术创新与价值创新兼顾，在某一阶段以一种因素为主导（曾萍等，2015）。我们认为，当前转型升级路径研究的着力点虽然直接或间接与技术创新和价值创新两种理论有关，但以往研究基本是孤立地看待技术创新与价值创新对企业转型升级的作用，忽略了二者“你中有我，我中有你”的相互依存关系也是影响企业转型升级路径类型的重要因素，不仅难以深入揭示二者与企业转型升级路径之间的本质关系，也影响相关研究对企业转型升级实践的解释力和指导价值。

与此同时，通过文献回顾发现，当前研究主要基于动态能力理论、价值链理论、技术创新理论，以及价值创新理论、商业模式理论等，分析企业转型升级可能采用的路径以及这些路径本身的特点，但缺乏对路径选择背后支配机制的探讨。实践中，我们通常会发现这样的现象：由于路径选择不同，造成了不同企业在发展潜力、影响力以及业绩表现方面的重大差异——一些原本资源丰沛的企业在后续发展中表现不尽如人意，常被诟病；与之相反，一些原本资源匮乏的企业却在之后的发展中节节攀升，表现亮眼。这说明，选择合适的转型升级路径以应对企业发展日益凸显的矛盾与成长性困境，对于企业的可持续发展至关重要。我们不禁要问，这一现象产生的根源在哪里？什么是路径选择的决定力量？面对同样的内外部环境，不同的企业为何会选择不一样的转型升级路径？

鉴于以上分析，从技术创新和价值创新的耦合视角出发，探讨企业转型升级的路径类型，并以这些路径类型为基础，揭示企业转型升级路径选择背后的支配机制，提出转型升级的实现对策，已成为一个亟待研究的重要课题。

1.3 研究意义

本书紧密联系中国企业亟须转型升级的现实要求及转型升级理论发展的需要，基于技术创新理论与价值创新理论，结合高层管理者认知视角，理论与案例相结合，深入分析技术创新与价值创新之间的关系、技术创新与价值创新影响企业转型升级的机理、企业转型升级的路径、企业转型升级的路径选择机理，并从不同层面分析企业转型升级的实现对策，在理论发展与实际应用方面均具有重要意义。

1.3.1 理论意义

（1）深化对技术创新与价值创新关系的认识，丰富技术创新理论与价值创新理论。当前研究对技术创新与价值创新之间关系的认识是不一致的，也是模糊不清的，这严重阻碍了技术创新理论与价值创新理论的发展。本书通过对技术创新与价值创新进行多维度对比，全面揭示技术创新与价值创新之间的关系，可以拓展对技术创新与价值创新关系的认识，避免对技术创新和价值创新的片面理解，促进技术创新和价值创新理论的发展。

（2）通过厘清技术创新和价值创新影响企业转型升级的机制，展现价值创新与技术创新的耦合关系对企业转型升级路径类型的影响，有利于拓展和深化企业转型升级的相关研究，为企业转型升级路径研究提供新颖的分析思路，并能够促进理论之间的融合与对话。技术创新的侧重点在于强调供给方技术的改进或突破，价值创新的侧重点在于为需求方创造价值飞跃，而创新的实现取决于供给方与需求方的有效链接，而已有研究表明，企业转型升级与创新存在着某种必然联系，尤其是企业在技术方面、客户价值方面的创新是决定其转型升级的主要力量。当前转型升级研究的着力点虽然直接或间接与技术创新和价值创新两种理论有关，但没能揭示技术创新和价值创新作用于企业转型升级的机制，也未能从技术创新和价值创新的耦合关系出发，全面揭示二者的耦合状态对转型升级路径的影响。本书在这方面进行了开拓性的尝试。

（3）从高层管理者认知视角，揭示企业转型升级路径选择背后的微观认知机理，拓展了高层管理者认知理论应用领域，同时，也丰富了企业转型升级理论。

（4）通过提出的一些价值创新实现策略，丰富与深化了价值创新理论，增强了价值创新理论的解释力。具体表现在：第一，对顾客价值研究中的概念具体化现象提供合理解释，促进顾客价值研究的一致性，并拓展对价值创新理论的认识。价值创新的前提是对顾客价值的全面理解。但时至今日，学者们对于顾客价值的内涵及构成维度还存在相当大的观点分歧。本书将权变理论引入顾客价值研究领域，从时间、产品、顾客、空间以及竞争者 5 个方面探讨了顾客价值的多维权变特性，之后结合利得—利失模型构建了顾客价值整合分析框架。这不仅能对顾客价值研究中的概念具体化现象提供合理解释，还有助于促进顾客价值研究的一致性，从而促进价值创新理论的深化发展。第二，通过引入顾客价值理论，分析当前价值创新商业模式存在的不足，提出改进当前商业模式的策略，有助于增强价值创新理论的解释力。第三，指出企业可以通过对价值链的分解与整合进行价值创新，并明确企业进行价值创新的几条途径，丰富了价值创新理论的内容。

1.3.2 实践意义

（1）有助于企业管理者纠正对技术创新和价值创新的片面认识，充分发挥技术创新和价值创新的作用。当前文献尚未能全面、清晰地分析技术创新与价值创新之间的关系，反映在实践中，有很多管理者片面理解技术创新或价值创新。比如，有的管理者坚持“技术创新至上”，甚至是更简单的“技术至上”发展理念，有的管理者则奉行“价值创新至上”的发展理念。对技术创新或价值创新的片面强调会使企业错失很多发展良机。本书通过对技术创新和价值创新进行多维对比，并对二者之间的关系进行揭示，有助于管理者理性看待二者之间的区别与联系，正确认识二者的关系，以便统筹考虑，能够根据不同时期的发展需要，不失时机地对它们进行合理配置，提升创新管理效果。

（2）拓展企业管理者对企业转型升级路径的认识，有助于企业管理者选择合适的转型升级路径。当企业发展遇到困境，管理者可能意识到需要改变，但对于从何改变，不同学者基于不同的理论思考为企业勾画了不同的转型升级路径，缺少具有普遍解释力的路径分析思路，引发路径选择困惑。本书根据技术创新与价值创新的耦合方式，分析可供企业选择的转型升级路径，并解析不同转型升级路径的特点，为企业管理者提供多种路径选择可能，拓展管理者对转型升级路径的认识，使其理解不同路径的使用要求，为企业管理者加强对企业转型升级路径的管理、确立合适的转型升级路径提供新颖的分析指引。

（3）有助于管理者认识到其认知状况对企业转型升级路径选择的影响，促使其适时调整认知模式，选择合适的转型升级路径。本书发现，高层管理者认知是企业转型升级路径选择背后的支配机制。其中，洞察性认知和重塑性认知决定了企业是否进行转型升级，匹配性认知决定了选择何种路径进行转型升级。研究结果将促使旨在转型升级的管理者注重对洞察性认知能力、重塑性认知能力和匹配性认知能力的培养，注重保持认知柔性，避免陷入认知凝滞。

（4）有助于企业管理者及政府采用合适的措施，促进企业转型升级。从顾客价值分析框架的构建、价值创新商业模式的建立、结合价值链的价值创新途径解析、协同创新网络的构建、结合企业属性的升级路径选择、融资能力建设、高层管理者认知能力的建设等方面，剖析企业转型升级的实现对策，不仅可以帮助企业管理者提高认知能力，制定有效的价值创新与技术创新策略，促进企业转型升级的实现，也可以使政府认识到其能在企业转型升级过程中发挥的作用，有助于政府采用合适的措施推动企业转型升级的顺利进行。

1.4 研究目标与研究内容

1.4.1 研究目标

本书扎根于中国本土情境，聚焦于微观的企业层面，以中国企业为对象，依托技术创新理论与价值创新理论，从技术创新与价值创新耦合视角，结合高层管理者认知视角，将理论与案例相结合，对中国企业转型升级的路径选择及其实现策略进行研究，旨在达到以下 5 个主要研究目标。

（1）剖析技术创新与价值创新之间的关系；

（2）探讨技术创新和价值创新对企业转型升级的影响机理；

（3）根据技术创新与价值创新的耦合方式，解析企业转型升级的路径类型；

（4）揭示企业转型升级路径选择背后的支配机制；

（5）提出推动企业转型升级的实现策略，为企业及政府制定转型升级的实现方案提供决策依据。

1.4.2 研究内容

本书以技术创新理论和价值创新理论为基础，通过聚焦微观的企业层面，探讨企业转型升级的路径及其实现策略，主要包括以下研究内容。

（1）绪论。在对研究背景进行阐述的基础上，提出本书的研究主题，阐述研究意义，明确研究的目标与研究运用的主要方法，描述主要的研究内容、研究思路，构建研究框架并指出研究的主要创新之处。

（2）文献综述与相关理论。对企业转型升级的路径、企业转型升级的实现对策、价值创新与企业转型升级、技术创新与企业转型升级、价值创新与技术创新的关系等几个方面的文献进行回顾，揭示当前研究存在的问题，明确研究方向；对技术创新理论和价值创新理论进行概述；对企业转型升级、技术创新以及价值创新的内涵进行界定并对企业属性进行设定。

（3）技术创新与价值创新的关系分析。技术创新与价值创新之间关系的模糊性不利于创新理论与实践的发展。在对技术创新与价值创新进行多维度对比的基础上，从微观层面对技术创新和价值创新之间的分离状态和融合状态进行揭示，为以后章节的研究奠定基础。

（4）企业转型升级路径：技术创新与价值创新耦合视角。分析技术创新和价值创新作用于企业转型升级的机制，探讨技术创新和价值创新之间的耦合关系，从二者的耦合关系出发提出可供企业选择的转型升级路径类型，对不同的转型升级路径进行对比并剖析转型升级路径与企业属性的关联性。之后，以三全食品股份有限公司（以下简称三全食品）和河南鸽瑞复合材料有限公司（以下简称鸽瑞公司）的转型升级实践为例，分析两家公司不同发展阶段采用的转型升级路径，对提出的理论进行验证。

（5）企业转型升级的路径选择：高层管理者认知视角。基于对企业转型升级路径的界定以及对高层管理者与其环境之间关系的剖析，从高层管理者认知视角出发，就高层管理者认知与企业转型升级决策、高层管理者认知与企业转型升级路径选择之间的关系，进行理论分析，并以三全食品和鸽瑞公司为例进行检验，以厘清企业转型升级路径选择背后的支配机制。

（6）企业转型升级的实现对策。从顾客价值分析框架的构建、价值创新商业模式的建立、基于价值链视角的价值创新途径的剖析、技术创新能力的建设、高层管理者认知能力的建设、融资能力的建设等方面，探讨企业转型升级的实现对策。

（7）结论与展望。对整个研究进行归纳，得出一些主要的研究结论，指出当前研究的不足，并对未来的研究方向进行展望。

1.5 研究方法与数据收集

1.5.1 研究方法

（1）文献研究。通过查阅相关文献，梳理出当前转型升级研究的主要脉络，指出当前研究的不足，确立从技术创新和价值创新耦合视角研究的切入点。

（2）理论分析。在对技术创新理论及价值创新理论的主要研究成果进行归纳的基础上，探讨二者之间的关系；分析技术创新和价值创新作用于企业转型升级的机制；根据技术创新与价值创新之间的耦合关系，分析企业转型升级的路径；从高层管理者认知视角，揭示企业转型升级路径选择的起点及其背后的支配机制；将权变理论引入顾客价值研究领域，构建基于权变理论的顾客价值分析框架；分析当前价值创新商业模式的不足并提出改进策略；提出企业实现转型升级的不同策略。

（3）专家咨询。本书涉及转型升级路径及其选择的分析，为保证研究效果，对路径提出的理论依据，路径设计的合理性、科学性、注意事项等问题以及设计的调研提纲向相关专家进行咨询，请其给予指导。

（4）案例研究。科学、合理的研究方法是取得良好研究效果的保证。目前中国经济学、管理学研究中，定量研究因其标准化和精确化程度较高、逻辑推理严谨、能够对现象之间的因果关系做出精确分析而受到研究者普遍重视。但本书却难以使用定量研究，适合采用纵向案例研究的方法，原因如下：一是从技术创新与价值创新耦合视角分析企业转型升级的路径，并探讨企业在不同转型升级阶段的路径如何选择，在现有文献中尚缺乏应有的关注，导致现有的研究文献不足以支撑直接的理论建构。对于现有理论缺乏解释或解释不充分的现象，案例研究方法比较适合（Eisenhardt，1989；孟东晖等，2018）。在定性研究方法中，案例研究不仅能够帮助人们全面了解复杂的社会现象，还可以帮助人们寻求对一些社会现象如何形成、如何运行的解释（Yin，2012），这与本书的要求相吻合。二是本书需要丰富的数据资料，涉及的研究指标大多是定性的，难以进行量化，所以不同指标之间的关系无法通过量化研究中假设—检验的研究方法解决。三是本书关注企业“为什么”（why）做出转型升级决策以及“如何”（how）确立企业转型升级路径，案例研究对于这类问题有明显优势（Yin，1994；毛基业、李高勇，2014）。四是对同一案例进行纵向研究，有利于确认关键事件的发生次序和识别因果关系（Eisenhardt，1989；孟东晖等，2018）。企业转型升级是伴随着企业发展可能会多次反复出现的现象，本书拟通过追踪企业的整个发展过程，探寻同一企业不同转型升级阶段采用的转型升级路径背后的支配机制，这一研究目的决定了采用纵向案例研究方法是恰当的。

（5）实地访谈。根据设计的调研提纲（见附录），对案例公司的技术研发团队、财务总监、市场运营团队、办公室负责人等进行访谈。

1.5.2 案例选择

本书选择三全食品和鸽瑞公司两家公司作为案例研究对象，主要基于以下考虑：一是符合理论抽样规则。虽然已有文献从不同视角探讨了企业转型升级路径，但未能从技术创新和价值创新耦合视角探讨企业转型升级的路径，也未能揭示企业转型升级路径选择的微观机理，这不仅是理论上的缺憾，也减弱了相关研究对企业转型升级实践的解释力和指导价值。三全食品作为中国速冻食品行业的领军企业，在中国具有较高的知名度，而且发展至今其发展阶段性明显，转型升级过程清晰，经历了多次转型升级，可以为该行业提供一个典型的研究样本。同样，鸽瑞公司从初创小厂发展成为河南省的一家知名高新技术企业，转型升级阶段也很明显。而且，从选择的转型升级路径看，两家公司既有共同点，也有不同之处。所以，通过双案例分析，有助于对转型升级的起点、选择的路径类型及背后的支配机制进行更为全面的检验，提升本书所提出理论的说服力。二是增强实现对策的全面性。截至目前，三全食品通过不断的转型升级，运行平稳，发展势头良好。鸽瑞公司从 2015 年起就陷入了债务风波，至今前景不明。通过对比可以发现，企业的持续发展除了需要选择正确的路径，还需要有合适的实现对策，这为第 6 章的对策研究提供了更为坚实的基础。

1.5.3 数据收集

本书从多种来源获取案例研究资料。①二手资料。包括从公司年报、搜索引擎、企业官网、中国管理案例共享中心案例库、期刊论文、媒体报道等不同渠道获得资料。②半结构化访谈。根据设计的访谈提纲，对两家案例公司的技术研发团队、财务总监、市场运营团队、办公室负责人等进行了多次访谈。而且，为了保证对访谈内容的准确理解，研究者将访谈内容整理后形成案例初稿并将其提交给访谈对象，请他们予以确认。此外，为了增强结论的可信性，研究者向不同的访谈对象对同一问题寻求答案，保证搜集的数据有一定的重叠和迭代，并能够相互印证。③案例企业的内部文件、高层管理者讲话等原始文档。

1.6 研究思路与研究框架

首先，在对国内外文献进行梳理评述的基础上，明确本书的着力点。其次，基于技术创新理论和价值创新理论，对技术创新和价值创新进行多维对比，并从微观层面深入分析技术创新与价值创新之间的分离与融合状态。在此基础上，探讨技术创新和价值创新作用于企业转型升级的机理，解析技术创新与价值创新之间的耦合关系，据此提出企业转型升级的路径类型，对不同转型升级路径的特点、适用条件，关注焦点、升级机制、能力要求、升级效果的持久性等方面进行对比，对转型升级路径与企业属性的关联性进行解析，并以三全食品、鸽瑞公司为研究对象，分析两家公司在不同转型升级阶段采用的转型升级路径，对提出的理论进行验证。再次，对高层管理者认知与企业转型升级及路径选择之间的关系进行剖析，提出理论命题，仍以三全食品、鸽瑞公司为例，验证提出的理论命题，揭示企业转型升级路径选择背后的支配机制。最后，围绕价值创新实现、技术创新实现、管理者认知能力提高、政府作用等方面，提出促进企业转型升级的策略。

根据以上研究思路，构建了如图 1-1 所示的研究框架。

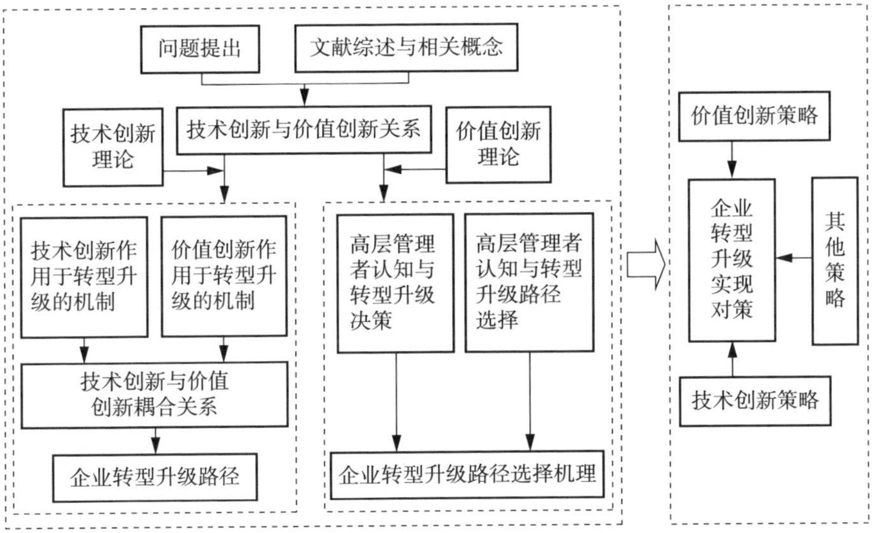

图 1-1 研究框架

1.7 主要创新点

（1）深入揭示了技术创新与价值创新之间的关系。技术创新与价值创新之间关系的模糊性不利于创新理论与实践的发展。本书在对技术创新与价值创新进行多维度对比的基础上，从微观层面揭示了技术创新与价值创新之间的两种分离状态、四种融合状态，发现技术创新和价值创新之间的关系不是静止的、固定不变的，而是可以相互转化的。研究拓展了对技术创新与价值创新关系的认识，丰富了技术创新和价值创新理论，能够对合理配置两类创新活动提供理论借鉴。

（2）探讨了技术创新和价值创新作用于企业转型升级的机制。本书发现技术创新与价值创新通过不同的机制作用于企业转型升级过程。技术创新影响企业转型升级的基本机制是技术的变化或技术含量的提升。从顾客价值变化与否的视角分析，技术创新对企业转型升级的作用机制具体表现为顾客价值相关升级、顾客价值无关升级两种方式。价值创新影响企业转型升级的基本机制是顾客价值的变化。从技术变化与否的视角分析，价值创新对企业转型升级的作用机制具体表现为技术变化相关升级、技术变化无关升级两种方式。

（3）发现技术创新与价值创新之间存在三种非直接耦合关系、三种直接耦合关系。这些耦合关系表明技术创新和价值创新既可以独立存在，也可以相互影响、相互依存。二者耦合关系的具体情形如何，取决于企业对二者的调用和配置。

（4）从技术创新和价值创新的耦合关系出发提出了企业转型升级的路径类型。根据技术创新与价值创新的耦合关系，企业的转型升级路径可以分为六种基本类型：技术创新独占型、价值创新独占型、技术创新与价值创新并列型、技术创新引领型、价值创新引领型、技术创新与价值创新并进型。其中，根据企业对技术创新和价值创新考虑的优先次序不同，技术创新与价值创新并进型又包括两种具体类型：技术创新牵引、价值创新配合与放大型；价值创新牵引、技术创新配合与放大型。这些转型升级路径具有不同的内涵、特点、关注焦点、适用条件、升级机制、能力要求，在升级效果的持久性上也有一定的限制。而且，不同的转型升级路径对具有不同属性的企业的适用性是有差异的。对三全食品及鸽瑞公司的案例分析显示，企业的每一次转型升级都离不开技术创新、价值创新的单独作用或者二者的共同影响。所以，企业在发展过程的不同阶段，可以采用不同的转型升级路径，以服务于企业不同时期的转型升级要求。

（5）揭示了高层管理者认知是企业转型升级路径选择背后的支配机制，解释了企业转型升级路径选择的异质性。选择合适的转型升级路径是应对企业成长性困境的关键，现有研究缺乏对路径选择背后支配机制的分析。在对高层管理者认知、决策行为关系分析的基础上，对高层管理者认知影响企业转型升级路径选择的机理进行了理论分析与案例研究。研究发现高层管理者认知是企业整个转型升级过程的逻辑起点，它无论对转型升级决策的做出还是决策做出之后的路径选择，均具有支配作用；高层管理者的洞察性认知和重塑性认知状况共同决定了企业转型升级决策的做出；高层管理者的匹配性认知状况直接决定了企业选择的转型升级路径。本书厘清了企业转型升级路径选择的微观认知机理，揭示了不同企业转型升级路径选择出现差异的根源，能为高层管理者推动企业转型升级的顺利进行提供重要启示。

（6）提出了基于企业转型升级路径选择决策的高层管理者认知类型，拓展了高层梯队理论的应用领域。将企业转型升级的路径选择决策划分为做出转型升级决策、选择转型升级路径两个阶段。以此为基础，将高层管理者认知划分为三种类型：洞察性认知、重塑性认知及匹配性认知，并进一步分析了这些认知与企业转型升级路径选择决策行为之间的关系。这不仅细化了对企业转型升级路径选择决策行为的认识，也丰富了高层管理者认知的内容，拓展了高层梯队理论的应用领域。

（7）构建了基于权变理论的顾客价值分析框架。顾客价值分析是进行价值创新的前提，而当前的价值创新理论对顾客价值的认识比较简单。本书将权变理论引入顾客价值研究领域，从时间、产品、顾客、空间以及竞争者 5 个方面探讨了顾客价值的多维权变特性，之后结合利得—利失模型构建了顾客价值整合分析框架。该框架可以为企业分析顾客价值提供清晰的指引，提高价值创新策略制定的有效性。

（8）提出了融合顾客价值理论的价值创新商业模式建构策略。价值创新理论自提出以来，吸引了理论与实践层面的广泛关注并获得了高度评价，但其提出的商业模式无法解释很多企业的发展实践。通过引入顾客价值理论，发现当前的价值创新商业模式存在对买方效用的认识比较简单、片面强调价格制定的适中性与对大众市场的占领等问题。针对这些问题，提出了拓展对买方效用的理解、基于顾客价值进行定价、以可获利成本代替低成本拓展蓝海实现路径等发展对策。研究结果有助于增强价值创新理论的解释力，更好地服务于企业价值创新实践。

（9）提出了基于价值链视角的价值创新途径。本书发现，企业可以通过价值链垂直集成、价值链内部集成、价值链收缩与重构、价值链网络化、价值链跨越、价值链深化、价值链延伸等方式对价值链进行分解与整合，促进价值创新的实现。

（10）分析了企业属性与转型升级路径之间的关联性。本书未将研究对象局限于具有某一特定属性的企业，而是基于技术创新和价值创新的耦合关系，从理论上揭示企业转型升级的多种路径，在此基础上，再探讨不同转型升级路径与不同属性企业之间的关联性，这不仅能有效扩展路径分析的适用范围，也能为复杂的转型升级实践提供理论指导。

1.8 本章小结

中国经济发展模式的改变、产业的升级离不开企业的转型升级，而且企业自身的持续发展也需要不断转型升级。因此，企业转型升级是值得探讨的重要课题。本章在对研究背景进行阐述的基础上，提出了本书的研究主题，即从技术创新与价值创新耦合视角，探讨企业转型升级的路径、路径选择的机理及其实现对策。之后，阐述了本书的理论意义与实践价值，明确了研究目标、研究方法、研究思路，构建了总体研究框架，简要介绍了研究的主要内容并对本书的主要创新点进行了概括性描述，为后续研究的开展奠定了基础。

2

文献综述与相关理论

本章首先对相关文献进行梳理与评述，剖析当前研究存在的不足，指出本书的着力点。其次，阐述技术创新理论与价值创新理论的主要内容，明确企业转型升级、技术创新和价值创新的内涵，并对企业属性进行界定。

2.1 文献综述

2.1.1 企业转型升级的路径

对于企业转型升级的路径，当前研究者从不同视角提出了不同的看法。有研究者基于动态能力观来研究企业转型升级路径。动态能力观（Teece 等，1997）认为关键资源的拥有和关键能力的获取为企业升级奠定基础（Makadok，2001）。依托动态能力观，研究者提出加工贸易企业应遵循“环境张力—动态能力—转型战略—升级效果”的动态转型升级路径（杨震宁等，2014），后发企业可以通过研发网络边界拓展（刘洋等，2013）、边缘赶超（罗珉等，2013；Liu、Wei，2013）、制度转型与能力创新的共演（江诗松等，2012）等路径实现赶超。与动态能力观关注企业内部的升级不同，价值链理论强调企业与企业之间的联系，强调嵌入全球价值链以及稳定、提升价值链地位对塑造企业竞争优势的重要性（Gereffi，1999）。该理论认为价值链不同环节的附加值不同，强调研发能力的建构与品牌的建立是产品附加值提升的重要因素，处于中间的制造环节价值分布很少。Amsden（1989）提出许多新兴经济体的升级遵循 OEM－ODM－OBM 的发展路径。这一升级路径得到了一些研究的支持（Gereffi，1999；

杨桂菊，2010），但也存在不同观点。如毛蕴诗、郑奇志（2012）、汪建成等（2008）认为OEM、ODM、OBM三种方式可以并存，Lee、Chen（2000）认为从OEM可以直接升级到OBM，聂正安、钟素芳（2010）则强调OEM内部也存在一个不同附加值的等级或梯度，企业可通过工艺和产品创新进入更高附加值的OEM深化或高级阶段。毛蕴诗、郑奇志（2012）基于微笑曲线建立了企业升级路径选择模型，分析了十条主要升级路径及其相对应微笑曲线的变化。Humphrey、Schmitz（2000、2002）区分了“产品升级、功能升级、过程升级以及价值链升级”四种企业升级类型。刘洋等（2013）、孔伟杰（2012）等强调制造企业需要依靠技术创新进行转型升级。Liu、Wei（2013）则认为制造企业可以凭借价值创新实现突围。还有学者提出，制造企业若想实现真正的创新追赶，需努力做到技术创新与价值创新兼顾，在某一阶段以一种因素为主导（曾萍等，2015）。

2.1.2 企业转型升级的实现对策

江诗松等（2012）强调企业研发能力、技术能力、市场能力、创新能力等方面的建构是后发企业实施赶超战略的关键。Cho等（1998）将日本和韩国半导体企业成功转型升级的战略分为两种：利用后发企业优势与克服后发企业劣势。他们认为日本半导体企业的成功在于系列的能力构建、高层管理者的远见、快速的技术开发、国内竞争与政府的积极支持；韩国半导体企业的成功除了复制日本模式，企业家的领导能力、标杆管理、雇用具有美国教育与行业从业经历的人才等也很重要。王升生（2009）认为，中国制造企业为走出竞争力困境、实现“中国创造”，需要构建企业创新文化、强化市场机制功能、优化政府制度安排。Lu（2009）认为，中国制造业企业及政府应采取自主创新、拓宽销售渠道、打造规模经济、制造业基地转移、政府政策扶持等方式，缓解企业成本压力，扶持企业走可持续发展道路。任家华、牟绍波（2009）提出了基于全球价值链创新系统、集群式创新系统和自主创新系统的企业升级机制。刘迎秋、王红领（2013）认为，企业家才能和专门技能人才是转型升级的关键；不断提升企业治理与管理水平是转型升级的制度基础；政府的引导和服务是转型升级的重要保障。邱伟年（2012）发现格力电器的成功转型升级是与其有效利用内外部社会资本开展相应的组织学习密不可分的。孔伟杰（2012）分析了企业创新能力、企业规模、外部市场结构、政府财政资助等因素对制造业企业转型升级的影响，提出企业创新能力的培育对企业实现转型升级最为关键。

2.1.3 价值创新与企业转型升级

Kim、Mauborgne（1997）首次提出了价值创新理论。他们认为，企业的成功不是来自与竞争对手的竞争，而是通过创造无可争议的市场空间的“蓝海”来使竞争无关紧要。蓝海的创造者不以竞争为基准。相反，他们遵循不同的战略逻辑，这种战略逻辑可称为价值创新。价值创新不是专注于打败现有市场空间的竞争，而是专注于通过为买方创造价值的跳跃而摆脱现有的市场界限，从而使竞争者落后。

作为一种战略理论，价值创新要求企业把视线从市场的供给一方移向需求一方，认为企业跨越竞争、增强获利能力的关键在于全力提升客户价值。与技术创新强调供给方技术含量的提升与产品附加值的增加不同，价值创新理论变换了认识创新的角度，要求企业从顾客的角度而不是技术活动的角度来分析创新（王迎军、曲亚民，2002），从而为企业转型升级提供了一种新的战略逻辑。以价值创新理论为基础，研究者已开始关注重构价值主张、价值获取等方式对企业转型升级的价值（Liu、Wei，2013）。

2.1.4 技术创新与企业转型升级

很多文献强调了技术创新对企业转型升级的影响，比如 Gereffi（1999）、Kaplinsky（2000）的经典研究均强调了技术能力提升对企业升级的影响。刘志彪（2005）指出了自主创新能力及学习能力提升对中国企业实现转型升级是必不可少的。毛蕴诗等（2009）也具有类似观点，他认为企业的转型升级不能离开技术创新。无论是 Kim（1997）提出的引进、消化、提高三阶段模型，还是 Hobday（1995）提出的 OEM-ODM-OBM 逆向产品生命周期曲线模型，其重点均在强调，后发企业需要通过渐进式的技术能力积累过程实现转型升级。已有研究比较关注技术创新推动企业转型升级的如下典型路径：通过技术积累、技术学习、自主创新推动企业技术能力提升与企业转型升级；通过“技术引进—消化吸收—自主开发”促进企业转型升级；跨产业升级等（毛蕴诗等，2013）。

2.1.5 价值创新与技术创新的关系

Kim、Mauborgne（1999）强调价值创新不等于技术创新，认为企业不能单纯为了追求技术而进行技术创新，更不能想当然地认为所有技术创新都会被市场接受，只有将技术含量有机地融入顾客重视的利益中，技术的作用才能显现出来。王迎军、曲亚民（2002）认为，价值创新与技术创新是不同的，“价值创新包含了那些足以引发产业变化的重大技术创新，也包含了不以技术变革为前提的经营模式创新，但如果所有创新活动都归纳为价值创新，则是不恰当的”。柯青（2003）指出，技术创新并不是价值创新的必要条件，技术创新并不一定会引起价值创新。程立茹、周煊（2006）认为，“只有技术创新能够实现价值创新，企业才能获得竞争优势”。程立茹（2007）进一步提出满足一定条件的技术创新是实现价值创新的重要途径。

2.1.6 研究述评

现有的相关研究成果，为我们的研究开展奠定了扎实基础并提供了诸多可供借鉴之处，但在以下方面尚有不足。

第一，不同学者基于不同的理论思考为企业勾画了不同的转型升级路径并提出不同的对策，但理论的融合与对话不足，引发企业路径选择困惑。主要表现在：①动态能力虽然构成了企业转型升级的重要条件，但强调动态能力的路径分析仅关注企业内部的能力建构，而且不同研究者依据动态能力设计的升级路径通常都比较单一，难以解释复杂的转型升级实践。②价值链理论下的升级路径分析虽然关注到了企业之间的关系，但主要适用于嵌入全球价值链的代工企业，而现实中其实所有企业都面临转型升级问题。比如，基于价值链的升级路径研究通常将 OBM 视为企业追求的终极目标，但事实上，“天生”的 OBM 企业以及转型升级后形成的 OBM 企业为了永续发展，也需要不断进行转型升级，而这类企业的转型升级路径是价值链基础的升级路径研究没有关注的，也是这类研究无法回答的问题。③技术创新与价值创新对企业发展的作用虽然得到了大量研究的关注，但已有研究基本是孤立地看待技术创新与价值创新对企业转型升级的作用，忽略了二者“你中有我，我中有你”的相互依存关系也是影响企业转型升级路径选择的重要因素，未能深入揭示技术创新与价值创新的不同耦合状态对企业转型升级的影响，减弱了相关研究对企业实践的解释力和指导价值。也就是说，当前转型升级研究的着力点虽然直接或间接与技术创新和价值创新两种理论有关，但没能从技术创新和价值创新的耦合关系出发，全面揭示二者的耦合状态对转型升级路径的影响。所以，目前已有研究很难对企业转型升级实践做出满意解释，这可能也是导致企业转型战略不尽如人意、学术界关于企业如何转型升级争论不休的理论根源。

第二，对技术创新与价值创新关系的认识有待进一步深化。已有研究对二者关系的认识还不够全面，而且很少关注二者的耦合状态对企业转型升级的影响，更缺乏从二者本身内涵与要求出发的深入探讨。

第三，仅针对特定属性企业进行研究的方式减弱了当前转型升级研究对实践的解释力与指导价值。现有研究一般聚焦于某一具体案例企业如格力电器（邱伟年，2012）的升级路径，或者探讨特定类型企业如加工贸易企业（杨震宁等，2014）、制造企业（孔伟杰，2012）、民营企业（刘迎秋、王红领，2013）、后发企业（刘洋等，2013）、代工企业（杨桂菊，2010）的升级路径，这种专门剖析特定属性企业升级路径的研究方式针对性强，但没有考虑同一企业可能同时具备多种属性、同一升级路径有可能适用于不同属性的企业这些情况，减弱了对企业路径选择的指导价值。

第四，以往的研究主要是基于动态能力理论、价值链理论、技术创新理论、商业模式理论等分析企业转型升级可能采用的路径以及这些路径本身的特点，不仅未能关注技术创新和价值创新的耦合关系对企业转型升级路径的影响，还缺乏对路径选择背后支配机制的探讨。

本书并不针对具有某一特定属性的企业，而是在揭示技术创新与价值创新关系的基础上，从技术创新与价值创新耦合视角，探讨企业转型升级的路径，剖析转型升级路径与企业属性之间的关联性，揭示企业转型升级路径选择背后的支配机制，并提出企业转型升级的实现对策，是对解决当前研究问题一个极有价值的尝试。

2.2 理论基础

2.2.1 技术创新理论

技术创新理论起源于 Schumpeter 的创新理论。1912 年，Schumpeter 在其德文版的《经济发展理论》（该书的英文版于 1934 年出版）一书中，第一次从经济学角度系统提出了创新理论，并在《经济周期：资本主义过程的理论、历史和统计分析》（1939）和《资本主义、社会主义和民主主义》（1942）中运用和发挥，形成了其独特的理论体系。作为最早提出和研究创新问题的经济学家，Schumpeter 力图用创新理论来解释经济周期和经济增长问题。Schumpeter 认为，创新是经济发展的驱动力，由资本主义企业家进行的创新引发了经济繁荣和衰退阶段的周期性更替，而这反过来确保了经济扩张。

Schumpeter 之后，尤其是 20 世纪五六十年代之后，随着科学技术在经济发展中的作用日益凸显，创新尤其是技术创新思想逐渐受到了广泛关注，于是在 Schumpeter 创新理论的基础上，技术创新理论获得了快速发展。该理论认为，技术创新无论对经济、社会还是企业自身的发展，都是至关重要的。时至今日，技术创新依然是研究者、经理人员和政策制定者都很感兴趣的问题。所以关于这一主题，存在着大量文献。研究者从不同角度研究技术创新，比如技术创新过程、技术创新战略、技术创新组织模式、技术创新激励、技术创新体系、技术创新类型、技术创新管理方法、技术创新影响因素、技术创新文化、技术创新扩散、技术创新绩效、技术创新评价、技术创新政策、技术创新风险、技术创新哲学、技术创新能力、技术创新机制等，不断拓展与完善着技术创新理论，并形成了众多的理论流派，如新熊比特学派、制度创新学派、新古典学派、创新系统学派等。从研究层面看，关于技术创新的研究，既涵盖了宏观的国家乃至跨国层面，中观的区域、产业或集群层面，也涵盖了微观的企业、亚单元（如研发部门）、小组或个人层面（Crossan、Apaydin，2010）。从涉及的学科范围看，技术创新理论受到了管理学、社会学、经济学、经济地理学甚至哲学等不同领域研究者的关注，来自不同领域的研究者结合各自的学科特征，开展了大量以技术创新理论为基础的研究，将技术创新理论的发展不断推向深入。

2.2.2 价值创新理论

价值创新作为一种战略理论，由法国欧洲工商管理学院的 Kim 和 Mauborgne 两位学者于 1997 年提出。两位学者通过对全球 30 种行业 30 多家高成长企业的研究，发现企业成功更多的是受它们所遵从的价值创新逻辑的影响。价值创新理论认为，企业的成功不应以竞争为基准，而应把视线从市场的供给一方移向需求一方，通过全力提升客户价值来寻求持久的、获利性的增长。价值创新理论既重视价值，又重视创新，认为成功的价值创新不在于尖端技术，也不在于进入市场的时机，而在于能否将创新与价值整合起来。价值创新理论以价值曲线作为顾客价值分析的主要工具。价值曲线是以图形的方式描绘一家企业在产业竞争各元素上表现的相对强弱。价值创新理论强调，为了重构买方价值元素，塑造新的价值曲线，需要运用剔除—减少—增加—创造四步动作框架（见图 2-1）。该理论认为，通过剔除、减少两个动作，可以降低成本。通过增加、创造两个动作，可以提升买方价值，创造新的需求。但是，价值创新不是对顾客价值的简单改进，需要企业的统筹规划，需要商业模式的支持。价值理论变换了认识获利基点的角度，要求企业从买方而不是供应方与竞争者的角度来分析利润来源，从而为企业寻求新的发展路径提供了一种不同的思维方式，也成功挑战了传统以竞争对抗为基础的管理思想。价值创新理论提出之后，以其独特的研究视角在理论与实践层面引起了广泛关注并获得了高度评价。以该理论为基础出版的《蓝海战略》一书更是在世界范围内引起了极大反响，获得了“亚马逊 2006 年度最畅销经管图书”“全美畅销书”“全球畅销书”等诸多殊荣（Kim、Mauborgne，2015）。

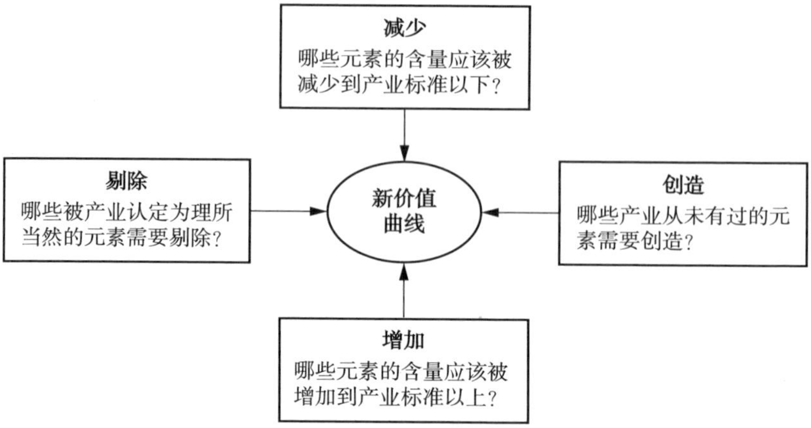

图 2-1　四步动作框架

价值创新理论提出以来，诸多研究者对其进行了探讨与应用，如关晶奇等（2017）将其应用于分析企业国际化问题，戴勇（2014）探讨了售后服务模式 PBC 的价值创新机理，吴应良、蔡凯佳（2016）提出了一种基于服务主导逻辑的众筹价值创新模型，张光宇等（2022）从价值创新视角分析了海外情境下本土后发企业颠覆性创新的演化路径。

2.3　概念界定

2.3.1　企业转型升级

在外文文献中，“没有企业转型升级这一术语”（毛蕴诗等，2015），但外国学者关于企业转型（竹本次郎，1989；詹姆斯·迈天，2000）、组织转型（Blumenthal、Haspeslagh，1994）、企业升级（Gereffi，1999；Humphrey、Schmitz，2000）、企业追赶（Lamin、Livanis，2013；Kumaraswamy 等，2012）等主题的研究却构成了国内企业转型升级研究的基础。竹本次郎（1989）将企业为适应外部环境变化所采取的经营策略称为企业转型。詹姆斯·迈天（2000）强调，转型就是公司为了适应环境、提高竞争力，从一条价值链进入另一条价值链，或是对公司彻底改造和重建的战略，或是选择一种新业务类型的过程。还有学者强调“企业转型是组织在认知上、思考上以及行为上的全新改变”（Blumenthal、Haspeslagh，1994）。对企业升级的概念，Gereffi（1999）认为，企业升级是一个企业迈向更具获利能力的资本和技术密集型经济领域的过程。Lamin、Livanis（2013）认为，企业升级是指后发企业为了应对环境变化，通过改进技术和市场能力，提升高价值增值活动的过程。Humphrey、Schmitz（2000）认为，升级是指企业通过获得技术能力和市场能力以改善其竞争能力以及从事高附加值的活动。

我国学者对企业转型升级的内涵大致有三类观点。第一类是认为转型与升级是两个不同的概念，应从转型和升级两个层面来理解企业转型升级。比如，单东（2009）认为，转型是企业生产关系的改变，主要涉及企业的经营管理模式和所有权制度等方面的变化，而升级是指改变企业现有的生产力状况，是“从低附加值、高能耗、高污染、粗放型转向高附加值、低能耗、低污染、集约型的升级”。孔伟杰（2012）认为企业转型包括“跨行业领域转型”与“组织管理层面转型”两方面的内容，而企业升级是“通过技术或市场能力提升使企业进入获利更高的资本和技术密集型经济领域的过程”。杨震宁等（2014）认为，转型是企业感知到竞争张力与环境威胁后所采取的战略措施，而升级是通过实施转型战略所获得的效果。所以，“升级是渐变，转型是突变”（刘迎秋、王红领，2013）。第二类是没有使用企业转型升级术语，而是站在后发企业角度研究其追赶问题（刘洋等，2013；曾萍等，2015）。第三类观点并不区分转型和升级的不同，或者尽管认为二者含义不同，但使用时不加区分（杨桂菊，2010；毛蕴诗等，2015）。本书比较赞同第三类观点，认为转型与升级总是相伴而生的，转型的目的是升级，升级的前提是转型，即转变原有的发展思路，所以，对二者没有必要进行明确的区分。另外，根据企业的转型升级实践可以发现，关于转型升级的原因，可以是企业盈利空间萎缩、增长乏力、业绩下滑或外部环境中法律法规与制度等的变迁给企业带来了生存压力，导致企业出现经营危机；也可以是企业为了追求更好更快的发展、看到了更好的商业机会而想突破现有的发展状态，而企业当前的经营并无问题。对于转型升级的结果，可以是附加值的提升带来的获利能力的增强，也可以是产品性价比提高带来的市场占有率的增加，甚至可以简单表现为由于满足了法律法规的要求而带来的企业生存能力或持续发展能力的增强，而所有这些都可以表现为企业竞争能力的提升。综合以上分析，本书认为，企业转型升级是指企业发展遇到“瓶颈”或为了谋求更好的发展时，企业通过寻求新的发展路径而改善获利增长能力或持续发展能力，实现竞争能力提升的过程。根据这一界定，企业转型升级的关键是选择合适的发展路径，最终目标是通过改善企业的获利增长能力或持续发展能力，实现企业竞争能力的提升。

2.3.2 技术创新

许多研究者对技术创新进行了研究，但时至今日，对技术创新的内涵界定还未达成一致。

“创新”一词来自拉丁文 novus，意思是更新、改变、引入新的东西或思想。Schumpeter（1934）首次对创新进行了界定，他认为创新是“建立一种新的生产函数或供应函数”，即“企业家对生产要素或生产条件进行的新的组合”。Schumpeter 的“创新”内涵比较丰富，不仅包括产品创新（创造一种新产品）、工艺创新（采用一种新的生产方法），还包括市场创新（开辟一个新市场）、组织创新（实现任何一种新的产业组织方式或企业重组）以及资源配置创新（取得或控制原材料或半制成品的一个新的供给来源）。

Schumpeter 之后，出现了大量关于技术创新研究的文献。从所有这些研究者的文献和商业媒介来看，对于技术创新的内涵，大致有三种观点。

第一种观点是沿袭 Schumpeter 的研究传统，从广义上来理解技术创新，如 Drucker（1985）认为创新是企业家把变化转化为机会的一个具体工具，它可以发展不同的商业领域或提供不同的服务。Brown（1992）认为，创新是具有创造新市场潜力的一个新产品、方法或体系，或能改变竞争者或顾客的行为模式。Amabile（1996）认为，创新就是一个组织内部创造性的成功表达。Nonaka（1994）认为，创新能被更好地理解为一个过程，在这一过程中，组织创造和界定问题，然后积极开发新知识解决它们。Van de Ven（1986）提出创新就是开发和实施各种新思想，包括技术、产品、工艺和管理创新。Damanpour（1991）把创新定义为改变组织的一种方式，或者是作为对组织内部和外部环境变化的一种反应，或者是作为影响其所处环境而开展的先发制人的活动。还有研究认为创新就是对有用并且新颖的思想的采用与成功实施（Von Hipple，1982）。

第二种观点仅将技术创新限定于产品创新。比如，Mole、Elliot（1987）认为，技术创新是新产品和诀窍经由构思、开发并推出的过程。Mansfield 认为，技术创新是从企业对新产品的构思开始，以新产品的销售和交货为终结的探索性活动。

第三种观点对技术创新的认识介于前二者之间。比如，Oslo Manual（1997）把技术创新定义为，已经实施的技术上比较新颖的产品和过程以及在产品和过程上的重大技术改进。Utterback（1974）在其发表的《产业创新与技术扩散》中认为，与发明或技术样品相区别，技术创新就是技术的实际采用或首次应用。吴贵生（2000）认为技术创新是指技术的新构思经过研究开发或技术组合，再到获得实际应用，并产生经济效益、社会效益的商业化全过程的活动。Damanpour、Evan（1984）认为技术创新不同于管理创新。他们认为技术创新与产品、服务和生产过程技术有关，它们与基本工作活动相联系，主要关心把原材料转变为产品和服务，可能涉及产品或过程；管理创新包括组织结构、控制系统、协调机制方面的创新，它们与基本工作活动间接相连，更直接与组织管理相联系。Utterback（1971）认为技术创新包括产品和工艺创新。其中，产品创新是技术上有变化的产品或服务的商业化，涉及新产品和服务的生产，它能够创造新市场或满足当前的市场或顾客；工艺创新则反映在用以生产产品或服务的生产过程的改善或引进上。Dewar、Dutton（1986）认为技术创新包括激进创新和渐进创新。激进创新能使组织活动产生根本性的变化，与组织当前的活动存在明显不同，属于非常规性的变化；而渐进创新只产生较小变化，不与当前的组织活动产生很大偏离，属于常规性的变化。通常，激进创新需要更多的资源，对现存组织结构提出苛刻的挑战（Frost、Egri，1991），并且对组织活动的影响范围也比渐进创新要广泛。对一个组织何时采用激进或渐进创新，并没有已被接受的主导解释（Damanpour，1991）。根据一个组织的运作环境，不同类型的创新有不同程度的重要性（Damanpour、

Gopalakrishnan，1998）。这进一步使技术创新概念变得复杂，因为在不同的创新研究中，有不同的技术创新定义，这使得想要搜寻一个广泛被认可的概念变得非常困难（Ravichandran，1999）。

尽管技术创新定义具有多样性，但一般认为，能为组织创造新的价值是技术创新定义的共同特点，商业成功是技术创新的最终检验标准。而且，大多研究者认为，技术创新包括产品和工艺创新，激进或渐进创新是对产品和工艺创新在创新程度上的表达，而管理创新则是产品和工艺创新成功实施的保证。据此，本书结合多位学者的观点，认为技术创新就是对产品或工艺技术新构思的商业化应用。这个定义强调了对技术上的新思想的开发（取得）、付诸实施并取得商业价值，涵盖产品创新和工艺创新。

2.3.3 价值创新

与技术创新相比，价值创新理论出现较晚，相关的研究成果相对较少，但对其内涵的理解比较一致，基本以 Kim、Mauborgne（2005）的观点为准。本书也采纳 Kim、Mauborgne（2005）的观点，认为价值创新是通过全力为买方和企业创造价值飞跃来开创新的无竞争对手的市场空间的一种战略逻辑。价值创新要求企业把视线从市场的供给一方移向需求一方，认为企业增强获利能力的关键在于提升买方价值。所以，价值创新的出发点不是竞争对手，也不是企业的产品或服务本身，而是买方的需求，核心是增加买方价值。

2.4 企业属性设定

文献回顾发现，当前的转型升级路径研究一般是针对具有某种特定属性的企业进行的，比如专门研究后发企业（刘洋等，2013）、制造企业（孔伟杰，2012）、加工贸易企业（杨震宁等，2014）、民营企业（刘迎秋、王红领，2013）、代工企业（杨桂菊，2010）的升级路径，至于这些路径对研究对象之外的企业的适用性如何，不得而知。与这些研究不同，本书拟通过对技术创新和价值创新耦合关系的剖析，从理论上提出企业转型升级的路径类型，而这些路径类型是基于理论的推导，并不针对具有特定属性的企业。为了提升路径研究的应用价值，在理论分析过程中，需要对路径与企业属性之间的关系进行剖析，所以，明确企业属性是有必要的。

按照不同标准，企业具有不同属性。比如按照规模大小，企业可以分为大型企业、中型企业、小型企业以及微型企业；按照进入行业的时间顺序，企业可以分为先发企业、后发企业；按照在价值链中的地位，企业可以分为 OEM 企业、ODM 企业以及 OBM 企业；按照行业不同，企业可以分为农业企业、工业企业、建筑企业、批发企业、零售企业、交通运输企业、金融企业、物业管理类企业等；按照所有权的性质，企业可以分为国有企业、集体企业、民营企业、股份制企业等。本书的核心内容之一是从技术创新和价值创新耦合的视角探讨企业的转型升级路径，进行路径分析时，如果涉及企业属性问题，需要能够从属性中判断出企业发展与技术创新和价值创新之间的关系，否则就无法进行路径的适用性分析。然而，按照当前这些分类标准，很难看出不同属性的企业对技术创新和价值创新的利用程度，从而也难以根据这些分类分析本书提出的转型升级路径与企业属性之间的关系。所以，需要另辟蹊径对企业属性进行界定。

根据价值创新的内涵，价值创新是所有属性的企业都需要使用的创新类型，很难以价值创新作为标准对企业进行区分，而技术创新则不然。根据企业对技术的重视程度，可以将企业划分为技术无关型、技术驱动型和技术应用型三类。技术无关型企业是指企业的业务发展不涉及对技术的开发或利用。显然，随着技术对经济社会发展越来越重要，很少有企业发展能离开技术的支持。技术驱动型企业是指将企业的核心业务建立在行业核心与关键技术的研发与创新运用上。技术应用型企业是指将企业的核心业务建立在已有技术的应用或行业边缘与外围技术的开发上。其中，技术驱动型企业和技术应用型企业又可以统称为技术相关型企业。

以上企业属性确定方法表明，企业属性不能简单地根据其所处的行业来进行判断，而要根据其对技术的重视程度进行判断。如果企业处于技术密集型行业，企业也顺应行业技术发展需要，采用技术领先战略，那么企业就属于技术驱动型企业，但企业如果坚持采用技术跟随战略，则其只能属于技术应用型企业。而且，企业发展史表明，在企业发展的不同阶段，对技术的重视程度可能是不同的，因此，对于同一家企业来说，属性也不是固定不变的，而是随着企业对技术重视程度的变化而变化。

2.5 本章小结

与本书相关的文献分布于对企业转型、组织转型、企业升级、企业追赶、企业创新升级、企业转型升级、价值创新等问题的研究中，本章通过对企业转型升级路径、企业转型升级的实现对策、价值创新与企业转型升级、技术创新与企业转型升级、价值创新与技术创新的关系等方面的文献进行梳理，揭示了当前研究存在的问题，明确指出了本书的研究范围，之后阐述了技术创新理论与价值创新理论的主要内容，对企业转型升级、技术创新以及价值创新的内涵进行了界定并对企业属性进行了明确，为以后章节的研究提供了指引。

3

技术创新与价值创新的关系分析

面对技术进步、缓慢增长和全球竞争，理论与实践层面都认识到创新是财富创造的主要来源。然而，创新是一个复杂系统，很难用单一的统一理论进行阐述（Downs、Mohr，1976）。当前的创新研究中，有两种不容忽视的创新理论。一是技术创新。文献回顾发现，很多研究强调技术创新的作用，聚焦于技术能力的积累、技术创新能力的培育、企业研发网络的构建、技术创新政策的制定等因素（刘洋等，2013；吕富彪，2018；时乐乐、赵军，2018）对国家、区域或企业发展的影响。二是价值创新。这部分研究关注客户价值曲线重构、价值获取、重构价值主张等方式对企业发展的作用（Kim、Mauborgne，2005；Liu、Wei，2013），认为企业可以凭借价值创新实现突围。固然，创新的不同方面需要用不同的理论进行解释，但是观察创新过于狭隘将使管理者不能看到机会，并使他们容易受到具有更广泛视角的竞争对手的影响。迄今为止，对这两种重要的创新理论，当前文献对二者的对比研究不足，对它们的关系状态的认识亦是简单的、不全面的，这不仅影响了创新理论的发展，也影响了对实践的指导价值。本章旨在对技术创新与价值创新进行多维度比较，并对二者之间的关系状态进行全面揭示，为之后的企业转型升级路径研究奠定基础。

3.1 相关研究回顾

Kim、Mauborgne（1997）最早对技术创新与价值创新之间的关系进行了分析。他们强调技术创新不等于价值创新，并认为二者的关系状态如图 3-1 所示。他们认为价值创新者在开发新技术方面不一定是所在产业的先驱，但在为客户提供价值方面是先驱。所以，价值创新的发生，与有没有新技术无直接关系。技术创新将技术作为讨论的一个中心要素，将技术看作问题的解决方案。而且，技术创新的结果不一定伴随着价值创新。不同于技术创新，价值创新聚焦于重新界定问题本身。通过重新界定一个产业关注的问题，可以改变顾客认为重要的绩效标准。他们提出，为了发挥技术的作用，应当将技术含量巧妙地融入顾客重视的价值之中。

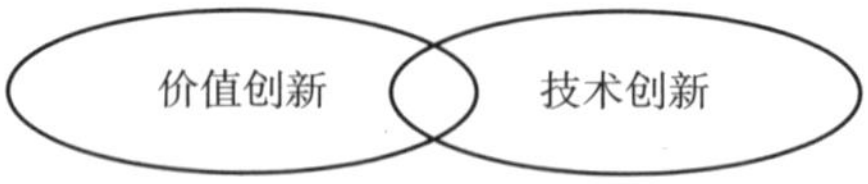

图 3-1　技术创新与价值创新部分重叠

在 Kim、Mauborgne 研究的基础上，一些学者也探讨了技术创新与价值创新之间的关系。观点大致归为两类：一类是 Kim、Mauborgne 观点的支持者。比如，王迎军、曲亚民（2002）认为，价值创新不但包含重大技术创新，而且涵盖经营模式创新。然而，并不是所有创新活动都属于价值创新。类似的表达还出现在柯青（2003）、许婷等（2007）的研究中。另一类观点认为价值创新范围广泛，能够涵盖技术创新。比如，程立茹、周煊（2006）指出，满足一定条件的技术创新是实现价值创新的重要途径。Sawhney、Wocott（2006）强调价值创新可以在业务系统的任何维度上进行，价值创新的范围远大于产品或技术创新的范围。Dillon 等（2005）将技术创新当作实现价值创新的众多手段之一，并提出价值创新引领技术创新，让技术从任何来源为价值创新服务。根据这类观点，技术创新与价值创新的关系状态如图 3-2 所示。

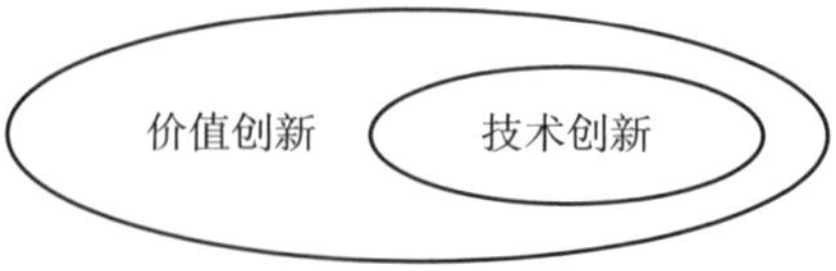

图 3-2　价值创新包含技术创新

文献回顾显示，已有研究对二者的关系只是一些零散的、不全面的论述，对二者关系状态的认识仅停留在图 3-1、图 3-2 所示的层面。二者到底有哪些差异？有什么共同之处？除了图 3-1、图 3-2 所示的关系状态外，二者还有什么样的关系状态？比如，二者可以分离吗？什么时候是分离的？二者的融合状态具体包括哪些情形？不同的关系状态如何影响二者作用的发挥空间？

3.2 技术创新与价值创新的多维对比

如第 2 章所述，作为创新理论的鼻祖，Schumpeter 于 1912 年提出并发展的创新理论内涵丰富，不仅包括技术创新，还包括组织创新、市场创新以及资源配置创新。在 Schumpeter 时代，技术创新理论并没有得到重视。20 世纪五六十年代以后，技术创新理论发展迅速，涌现了众多理论流派与研究脉络，如新熊比特学派、制度创新学派、新古典学派、国家创新系统学派、技术扩散理论、技术创新过程理论、组织创新理论等。对技术创新的研究既有宏观的国家乃至跨国层面，中观的区域、产业或集群层面，也有微观的企业、亚单元（如研发部门）、小组或个人层面（Crossan、Apaydin，2010）。时至今日，技术创新仍然是经济学、社会学、管理学、经济地理学甚至哲学等众多学科关注的热点问题。

与技术创新范式相比，价值创新范式出现较晚。Kim、Mauborgne（1997）首次提出了价值创新理论并在之后的研究中对其进行了深化拓展。价值创新理论的提出，在理论与实践层面引起了巨大反响。然而，通过文献检索发现，与技术创新相比，价值创新相关的学术研究成果不甚丰富，关注价值创新的研究者主要来自管理学领域，而且基本停留在对 Kim、Mauborgne 界定的价值创新理论的解读及案例分析层面，尽管也有一些拓展性研究，但尚未形成不同的理论流派或研究脉络，研究层次基本局限于微观的企业层面。

关于技术创新的内涵，在措辞上可能有所不同，但它们都强调需要完成新知识的开发和利用，强调创新的经济效果。比如，Mole、Elliot（1987）认为技术创新是新产品和诀窍经由构思、开发并推出的过程。

Freeman（1991）认为技术创新是由感知到一个基于技术的发明所带来的新的市场和/或新服务机会所引发的迭代过程，它导致开发、生产和营销任务，以争取本发明的商业成功。技术与商业化的结合是技术创新的固有组成部分。可见，技术创新将技术作为改进与重新界定问题解决方案的一个中心要素，将供给方技术含量的提升作为焦点，将创新者的成长以及经济价值的增加作为最终目标。

价值创新强调通过提供完全新的、优越的买方价值，或通过提供买方价值的飞跃以创造新市场的方式，实现企业的可获利增长。所以，不管是技术创新还是价值创新，二者的最终目标是一致的，都关注创新的经济效果，追求商业化成功，都是为了拓展创新者的利润空间、实现创新者的可获利增长。但是，价值创新是把买主而不是技术作为战略思维的中心，要求企业从顾客的角度来分析创新。价值创新理论强调企业不是提供技术或能力，而是提供优越的顾客价值，并认为价值创新在任何组织、任何时间都能够发生。价值创新是靠提供差异化的优越的顾客价值的方式战胜竞争对手，是通过重新界定并解决一个顾客价值创新问题来达到创新目标。相比而言，技术创新关注技术潜力的经济价值，强调通过技术力量的提升改进流程、产品或服务。所以，为了进行技术创新，技术的突破或改进为必备条件，技术创新的实现要受到技术可获得性的影响。此外，技术创新可以通过改进流程或者使产品或服务差异化的方式战胜竞争对手，是通过重新界定并解决一个技术问题来达到创新目标。然而，该技术问题的解决并不必然导致顾客价值的提升。

综合以上分析，技术创新与价值创新的对比如表 3-1 所示。表 3-1 显示，技术创新与价值创新既有区别，又有密切联系。显然，二者既可以分离，也可以相互融合发展，但对于二者分离与融合的具体情形，还需要做进一步分析。另外，研究层面不同，研究者关注的焦点不同，进而影响对技术创新与价值创新关系状态的认识。当前的价值创新研究主要是从微观的企业层面展开的，缺乏宏观与中观层面的价值创新分析，也缺乏微观的小组、亚单元研究，所以基于可比性考虑，以下主要从微观的企业层面分析二者的关系状态。

表 3-1　技术创新与价值创新对比

对比维度	技术创新	价值创新
出现年代	20 世纪初	20 世纪 90 年代
理论流派	众多	单一
涉及的主要学科领域	经济学、管理学、社会学、哲学、经济地理学等	管理学
创新目标	拓展企业利润空间、提升企业绩效，实现可获利增长	拓展企业利润空间，提升企业绩效，实现可获利增长
分析创新的角度	供给方的技术突破或改进	需求方的顾客价值
实现创新的手段	改进流程、提供差异化的产品或服务，强调通过技术力量的提升改进流程、产品或服务，进而主导市场	提供优越的买方价值，强调通过买方价值的飞跃主导市场
功能	不限于提升顾客价值	提升顾客价值
对技术的需求	技术突破或改进为必须，关注技术潜力的经济价值	不一定有技术改进，关注所有可能驱动顾客价值变化的因素
适用的组织类型	运用技术的组织	任何组织
研究层面	宏观、中观及微观	主要停留在微观的企业层面
解决问题的思路	重新界定并解决一个技术及其价值实现问题	重新界定并解决一个顾客价值问题

资料来源：根据相关文献整理。

3.3　技术创新与价值创新的分离

分离指的是技术创新与价值创新不同时存在的一种关系状态（如图 3-3 所示），具体包括两种情形：①无技术创新的价值创新；②无价值创新的技术创新。

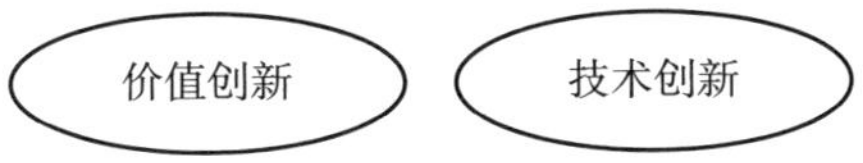

图 3-3　技术创新与价值创新的分离

3.3.1 无技术创新的价值创新

很多决策者、管理者及研究者强调技术创新对企业竞争力的重要性。然而，并非所有的技术上的大量投入都能带来成功，也并非所有的企业发展都离不开技术创新的支持。因为，与技术创新强调技术的新颖性不同，价值创新强调的是顾客价值的优越性，表现在产品上，不一定是技术上新颖的产品或服务。这意味着，价值创新可以通过许多非技术的方式取得，如设计新活动、重新配置活动的结构、提供便捷的服务、开展组织创新、赋予独特的客户体验、提升品牌价值、改变销售方式、创建新的分销渠道或增加客户可以购买或使用产品的地点等。大量取得市场成功的企业，就是依靠非技术的价值创新开辟了独特的发展道路。比如星巴克，是其商品的连接与陈列方式提升了新颖的顾客价值，而无论其商品还是商品的陈列方式从技术上来讲都少有新颖之处。

价值创新还可以通过重新定位已建立的产品或流程在特定用户环境中的感知来实现。例如，英国的老牌产品葡萄适（Lucozade）最初是作为一种葡萄糖药品开发的，以帮助儿童和残疾人康复。后来，品牌所有者 SmithKline Beecham 放弃了该品牌与疾病的关联，将产品推向健康饮料市场（目标是成长中的健身市场），将其作为健康锻炼的辅助手段，获得了极大成功。这种转变与技术创新无关，正是通过价值创新实现的。

以上分析表明，价值创新在很多情况下可以独立于技术创新而存在。所以，价值创新拓展了企业获取竞争优势的渠道。

3.3.2 无价值创新的技术创新

技术创新既包括产品创新，也包括工艺创新。产品创新通常可以通过改善产品质量、提升产品性能、降低产品价格等方式提升顾客价值。对于工艺创新来说，能否提升顾客价值，取决于工艺创新的焦点及企业的经营策略。当工艺创新的焦点是产品创新、降低产品价格、提升产品或服务的交付效率时，通常可以提升顾客价值。当工艺创新的焦点是获取规模经济、降低成本时，如果低成本可以转化为产品或服务的低价格，可以提升顾客价值；如果企业对内部工艺流程技术进行了改进，提升了运营效率，降低了生产成本，但企业产品销售情况良好，不需要通过提升产品或服务交付效率、降低产品销售价格等方式让利于顾客，则在销售量一定的情况下，企业获得了更多的利润，实现了技术创新的目的。然而，该技术创新并没有提升顾客价值。此时，技术创新与价值创新没有关系。

有时，企业为了满足立法要求，比如减少废物排放的法规，也需要开展工艺技术创新。此类技术创新通常不是为了减少成本（甚至还可能增加成本）、提升效率。如果这样的技术创新不能提升顾客价值，也与价值创新无关。

总之，产品创新总是导致价值创新，工艺创新是否与价值创新相关取决于工艺创新的焦点。

3.4 技术创新与价值创新的融合

技术创新与价值创新的融合指的是两者同时存在的一种关系状态。根据并存的具体状态不同，可以区分为四种情形。

3.4.1 技术创新包含价值创新

如果同时出现以下情形，则技术创新包含价值创新（如图 3-4 所示）：①企业技术创新的目的不仅在于提升顾客价值，还有其他目的，如满足立法要求、提升日常运营效率、降低运作成本等；②顾客价值的提升均来自技术创新，企业没有采用非技术的方式进行价值创新。比如，企业仅使用互联网技术改造企业的内部与外部业务流程（如采购、制造、销售或知识管理等），如果在提升交货速度、提升内部运营效率、降低企业内部运营成本的同时，并没有降低产品价格，则技术创新的范围大于价值创新。

在图 3-4 所示的融合状态下，企业比较强调技术的价值，忽略了或者不需要考虑非技术因素对顾客价值以及企业发展的影响。

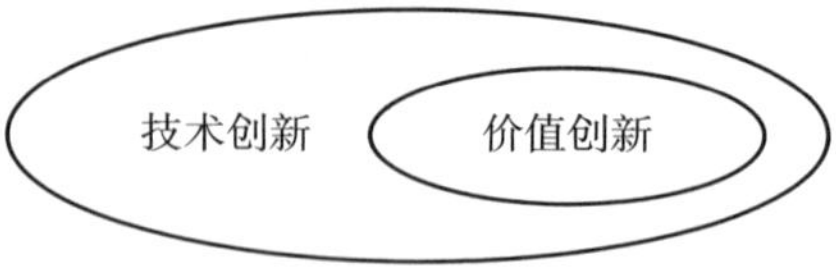

图 3-4 技术创新包含价值创新

3.4.2 价值创新包含技术创新

如果同时出现以下情形，则价值创新包含技术创新：①企业在实施价值创新过程中，一部分价值元素的实现离不开技术支持，其他价值元素的实现不需要技术的突破或改进。比如，西班牙服装零售商 Zara 为了提升顾客价值，在采购、设计、制造和物流等方面都做出了改变。Zara 通过将生产设施靠近市场缩短了产品交付周期，通过小批量生产和推出大量设计使其几乎每周都能更新设计。该公司还将衣物运送到衣架上，这种做法需要更多的仓库空间，但可以更快地显示新设计。由于这些做法，Zara 已经将设计到零售周期缩短到 15 天，并且能够以全价销售大部分商品。显然，Zara 的价值创新过程既涵盖了技术创新，也包含了大量非技术要素的创新。②企业技术创新的目的在于提升顾客价值，没有其他目的的技术创新。技术通常被作为提升顾客价值的一种手段，在没有认识到技术创新更为广泛的作用时，企业发展不需要技术手段的支持。

3.4.3 技术创新等于价值创新

如果同时出现了以下情形，则技术创新与价值创新是重合的（如图 3-5所示）：①企业技术创新的目的全部是提升顾客价值，没有其他目的的技术创新活动；②企业的价值创新全部通过技术改进或突破的方式实现，不存在非技术方式的价值创新。在这种融合状态下，企业开展技术创新活动的焦点就是提供优越的顾客价值，具体表现为改善产品质量、提升产品性能、降低产品价格、提升产品或服务的交付效率等，除此之外，不存在其他的技术创新及价值创新活动。

图 3-5 技术创新等于价值创新

3.4.4 技术创新与价值创新部分重叠

如果同时出现了以下情形，则技术创新与价值创新存在部分重叠：①企业的价值创新一部分通过技术改进或突破的方式实现，其余不涉及技术变化；②企业的技术创新一部分提升了顾客价值，其余与顾客价值无关。这种融合状态的出现，需要企业的管理者能够认识到，一方面，价值创新的核心是提供差异化的优越的顾客价值，而顾客价值的提升来源广泛，通常涉及企业生产经营的不同方面。由于技术的力量可以渗透到企业设计、采购、制造、销售、物流、仓储等各个方面，所以，在价值元素的创造或改进方面，技术的确是不可忽视的重要力量。但除了技术力量，还存在其他大量提升顾客价值的方式。另一方面，技术创新的作用不局限于提升顾客价值。比如，全球零售巨头沃尔玛以质优价廉、品种齐全、购物环境舒适、服务优良著称。为了实现这些价值创新，沃尔玛采取了缩减广告费用、品种变化多样、会员制、农超对接、开发推广自由品牌、严格的审核和产品检测等非技术措施。与此同时，沃尔玛还运用先进的技术手段等改造物流配送系统以及装货平台，如在运输车辆上安装卫星定位系统、购买商业卫星实现全球联网、利用物流条码技术采集跟踪物流信息、采用自动订货系统、运营网上商店等，这些技术创新措施提升了供应链整体效率，降低了运营成本，加速了资金周转，不仅提升了顾客价值，还使企业在规模不断扩大的同时保证了运营效率。

3.5 本章小结

在日益变化的环境中，创新被广泛认为是竞争优势的重要来源（王睢、曾涛，2011）。技术创新与价值创新作为两种重要的创新理论，二者之间关系的模糊性不利于创新理论与实践的发展。通过对技术创新与价值创新进行多维对比，剖析二者之间的分离与融合状态，表明在微观层面，技术创新与价值创新可能存在如前所述的关系状态。研究发现：①技术创新强调供给方技术力量的提升，价值创新强调为买方创造价值的飞跃，各自侧重点与理论逻辑的不同决定了二者具有鲜明的特点，但最终目标的一致性又决定了二者有紧密的联系。②在特定条件下，技术创新与价值创新是分离的，可以分别独立存在。同时，二者又是可以相互融合的，且会呈现不同的融合状态。技术创新与价值创新究竟是分离，还是融合，主要取决于对技术创新与价值创新的需求或者对两种创新活动作用的认知。所以，二者的关系状态不是静止的、固定不变的，而是可以相互转化的。③技术创新的功能不限于顾客价值提升，价值创新的实现也不限于技术上的突破或改进。所以，不能片面强调技术创新或价值创新的作用，不能因为依靠某种创新取得了一时的成功就将其看作解决一切发展问题的灵丹妙药。作为管理者，应当理性看待二者的区别与联系，正确认识二者的关系状态，以便统筹考虑，能够根据不同时期的发展需要，不失时机地进行合理配置，提升创新管理效果。

4

企业转型升级路径：技术创新与价值创新耦合视角

文献回顾显示，转型升级路径作为企业转型升级的重要问题，已经得到了很多学者的关注，比如曾萍等（2015）、杨震宁等（2014）、刘洋等（2013）、Gereffi（1999）。然而，不同学者基于不同的理论思考为企业勾画了不同的转型升级路径，缺少具有普遍解释力的路径分析思路，引发路径选择困惑。而且，当前文献仅针对特定属性企业进行研究的方式减弱了当前转型升级研究对实践的解释力与普遍指导价值。针对这些问题，本章的研究并不专门针对具有某一特定属性的企业，而是选取技术创新与价值创新耦合视角，从理论上探讨企业转型升级的路径，然后再剖析转型升级路径与企业属性之间的关联性。具体来说，本章将分析技术创新和价值创新对企业转型升级的影响机制，揭示技术创新和价值创新之间的耦合关系，根据技术创新和价值创新之间的耦合关系探讨企业转型升级的路径类型，分析转型升级路径对不同属性企业的适用性，并以三全食品和鸽瑞公司为例进行验证。

4.1 技术创新、价值创新作用于企业转型升级的机制

4.1.1 技术创新作用于企业转型升级的机制

技术创新对企业转型升级的作用已经得到了广泛肯定（刘洋等，2013；杨桂菊，2010；孔伟杰，2012），但对技术创新作用于企业转型升级的机制还缺乏明确分析。

技术创新“是通过重新界定并解决一个技术问题来达到创新目标”（刘锦英，2018），技术变化是技术创新的起点与关注焦点，所以，技术创

新影响企业转型升级的基本机制是技术的变化或技术含量的提升，即通过技术变化促进企业转型升级。技术变化可以渗透于企业生产经营的不同环节，通过提升产品附加值、降低成本、提高经营效率、满足清洁生产要求、改善顾客价值等方式，达到企业转型升级的目标。

有研究认为，顾客价值是21世纪企业获取竞争优势的一项关键资源（Eggert 、Ulaga，2002），企业的市场竞争力很大程度上取决于其能否为顾客提供卓越的价值（Kumar 、Reinartz，2016；Kotler，2017），然而，刘锦英（2018）的研究表明，技术创新按照与顾客价值的关系，可以分为两类：与顾客价值相关的技术创新、与顾客价值无关的技术创新。由于技术创新有产品创新与工艺创新之分，其中产品创新总是与顾客价值相关，而"工艺创新是否与顾客价值相关则取决于工艺创新的焦点及企业的经营策略"。所以，与顾客价值相关的技术创新包括产品创新和与顾客价值相关的工艺技术创新，而与顾客价值无关的技术创新仅包括与顾客价值无关的工艺技术创新。这表明，技术创新既可能提升顾客价值，也可能与顾客价值无关，所以，从顾客价值变化与否的视角分析，可以将技术创新对企业转型升级的作用机制进一步分为两类。

一是通过与顾客价值无关的方式促进企业转型升级，即顾客价值无关升级。顾客价值无关升级是指技术含量的提升与顾客价值的提升无关，是在顾客价值已经得到满足的前提下，企业通过技术上的改进或突破优化内部价值链、提升内部运营效率、降低运营成本、减少污染排放等方式实现的转型升级。根据上述对技术创新的分类可以看出，顾客价值无关升级本质上是通过与顾客价值无关的工艺技术创新实现的转型升级。当产品销路畅通、企业没有提升顾客价值的压力时，这种机制可以发挥作用。具体又包括两种情形：第一，通过工艺技术的改进或突破降低了产品成本、提升了投入产出效率或运营效率，如果这些变化不需要传导至顾客、提高顾客满意度，则可以提升企业的获利空间。第二，通过工艺技术的改进或突破降低了污染排放、实现了清洁生产，如果这些变化是为了满足法律法规的要求或出于树立企业形象的需要但不需要增加顾客价值，则会增加企业的可持续发展能力。

二是通过顾客价值的提升促进企业转型升级，即顾客价值相关升级。

顾客价值相关升级是指通过技术变化带来顾客价值元素的变化，进而实现顾客总价值提升的转型升级，表现在通过产品或工艺技术的变化提升顾客价值，扩大产品销售规模或范围，促进企业的可获利增长。顾客价值相关升级本质上是通过产品创新以及与顾客价值相关的工艺技术创新实现的转型升级。

4.1.2 价值创新作用于企业转型升级的机制

与技术创新强调供给方技术含量的提升不同，价值创新理论变换了认识创新的角度，要求企业从顾客的角度而不是技术活动的角度来分析创新（王迎军、曲亚民，2002）。价值创新理论认为，企业跨越竞争、增强获利能力的关键在于全力提升客户价值（Kim 、Mauborgne，2005）。顾客价值的提升是价值创新的起点与关注焦点，所以，价值创新影响企业转型升级的基本机制是顾客价值的变化，即通过顾客价值的提升扩大销售、提高绩效，促进企业转型升级。

价值创新可以渗透于企业价值链的不同环节，通过不同价值环节的改变，提升顾客价值。但是，根据刘锦英（2018）的研究，价值创新按照其与技术变化的关系，可以分为两类：与技术变化无关的价值创新、与技术变化相关的价值创新。这表明顾客价值的提升既可以通过技术变化的价值创新方式进行，又可以通过非技术变化的价值创新方式进行。这样，从技术变化与否的视角分析，价值创新对企业转型升级的作用机制又可以分为两种类型。

一是通过与技术变化相关的方式促进企业转型升级，即技术变化相关升级。技术变化相关升级是指企业的价值创新建立在技术变化的基础之上，通过技术的改进或突破实现顾客价值的提升，进而实现转型升级。显然，技术变化相关升级与顾客价值相关升级一样，本质上是通过产品创新以及与顾客价值相关的工艺技术创新实现的转型升级。

二是通过与技术变化无关的方式促进企业转型升级，即技术变化无关升级。技术变化无关升级是指企业的价值创新与技术的变化无关，是通过非技术方式改进顾客价值实现的转型升级，表现在通过非技术方式提升顾客的体验价值、情感价值或服务价值等，提升产品的吸引力，增强企业的可获利发展能力。

4.2 技术创新与价值创新的耦合关系

技术创新与价值创新的耦合关系是指技术创新与价值创新之间存在的相互作用、相互影响、相互依赖的关系。这种关系可能是松散的、间接的，也可能是紧密的、直接的。当前研究表明，技术创新与价值创新之间存在“相互的反馈机制”（刘洋等，2014），且在特定条件下，技术创新与价值创新是可以单独发挥作用的。根据刘锦英（2018）的研究，结合前文的分析，可以将技术创新与价值创新的耦合关系分为非直接耦合关系和直接耦合关系两类。

4.2.1 非直接耦合关系

二者之间没有直接关系，它们之间的联系完全通过企业的调用和控制来实现，分别作用于企业的不同发展阶段。这是一种技术创新与价值创新各自独立存在的状态，具体表现为三种情形，分别如图 4-1～图 4-3 所示。

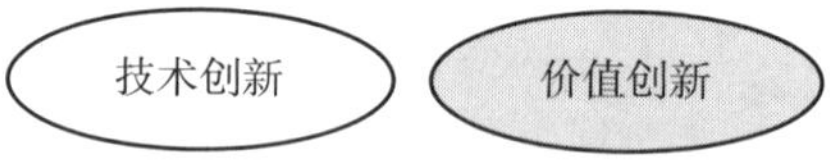

图 4-1　技术创新单独存在

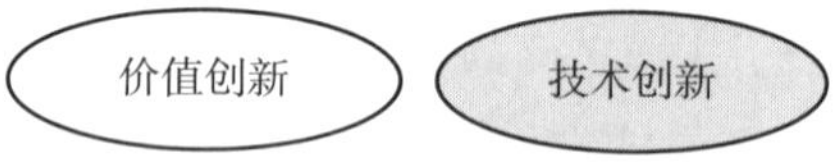

图 4-2　价值创新单独存在

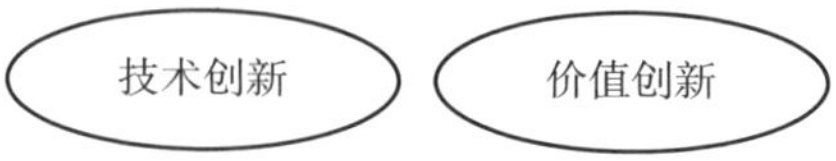

图 4-3　技术创新与价值创新各自独立存在

4.2.2 直接耦合关系

技术创新与价值创新二者之间有直接联系，相互作用，通过不同的融合方式，共同作用于企业的转型升级过程。根据刘锦英（2018）的研究，二者之间的融合方式具体包括三种情形：技术创新包含价值创新（如图 4-

4 所示）、价值创新包含技术创新（如图 4-5 所示）、技术创新与价值创新交互存在（如图 4-6 所示）。

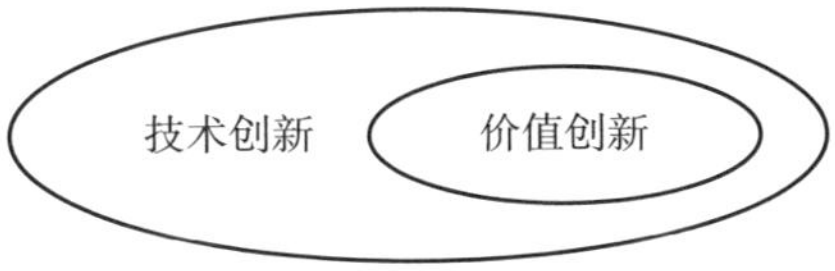

图 4-4　技术创新包含价值创新

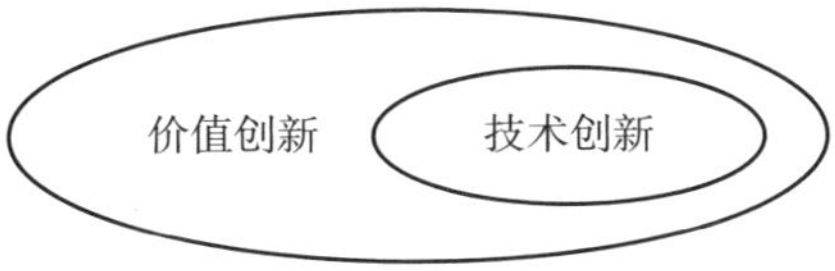

图 4-5　价值创新包含技术创新

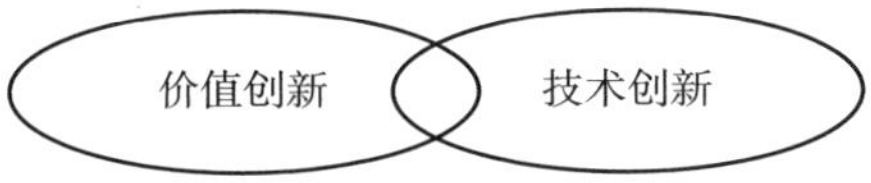

图 4-6　技术创新与价值创新交互存在

4.3　基于技术创新与价值创新耦合的企业转型升级路径

从企业生产经营的总体要求来看，企业的永续发展既离不开技术创新，也离不开价值创新，技术创新和价值创新是推动企业转型升级的基本力量，但这不意味着技术创新与价值创新在企业某次转型升级的过程中必须同时发挥作用。因为在企业发展过程中，转型升级不是一个静态的、一次性的发展阶段，而是一个动态的、不断循环反复的实践过程。也就是说，企业的发展壮大是由无数次的转型升级构成的，正是无数次成功的转型升级推动了企业的持续发展。在每次转型升级过程中，由于企业面临的环境与问题、拥有的资源与能力、对技术创新与价值创新的认识等方面的不同，决定了企业可能会选择不同的转型升级路径。所以，根据技术创新与价值创新之间的耦合关系，结合企业每次转型升级过程中对技术创新与价值创新的配置情况，可以将企业转型升级的路径区分为以下几种基本类型：技术创新独占型、价值创新独占型、技术创新与价值创新并列型、技术创新引领型、价值创新引领型、技术创新与价值创新并进型。

4.3.1　技术创新独占型

技术创新独占型是仅凭技术的改进或突破进行转型升级并不涉及顾客价值提升的一种升级路径（与图 4-1 相对应）。在这种升级路径下，没有价值创新，不涉及产品的改变，只能带来仅服务于企业内部的工艺流程的升级，所以属于与顾客价值无关的工艺技术创新带动的转型升级路径。此路径下，企业需要运用的升级机制类型仅是顾客价值无关升级，需要企业具备与顾客价值无关的工艺技术创新能力。采用这种升级路径的前提是：顾客价值已经得到满足，即企业产品销路良好，不存在销售压力，暂时不需要提升顾客价值。在满足这一前提条件下，这种升级路径主要适用于两种情形：①提升投入产出效率，降低生产或运营成本，增强企业获利能力。企业的技术创新来自顾客需求得到满足的基础上对内部运营效率或成本改进的深刻洞察与理解。②减少排放、实现清洁生产。如果企业污染排放不符合立法要求，或者尽管企业的废物排放符合法律法规的要求，但为了树立良好的社会形象，需要主动进行绿色生产和工艺创新。在这种情形下，为了减少污染开展的工艺创新会增加成本，如果企业产品销量、价格不变，则会造成企业利润空间缩小，但这是企业为了生存发展或提升市场形象所必需的。由于这种升级路径是建立在与顾客价值无关的工艺升级的基础之上的，企业即使能靠这种升级路径实现效益增长或维持当前的市场地位，从长期来看，一旦顾客需求发生变化，由于该路径不能提升顾客价值，其升级效果也是难以持续的。这是因为，不能满足顾客需求的产品注定是缺乏竞争力的，这需要企业在顾客需求发生变化时，能够拥有为顾客创造价值的能力，及时寻找到实现顾客价值提升的解决方案。很显然，此路径仅适用于技术相关型企业发展的某一特定阶段。

4.3.2 价值创新独占型

价值创新独占型是不涉及技术元素变化，仅依靠非技术方式提升顾客价值的一种升级路径（与图 4-2 相对应）。在这种升级路径下，不存在技术创新；企业的价值创新通常是以非技术变化的方式进行的，即仅存在与技术变化无关的价值创新，不存在与技术变化相关的价值创新。在此路径下，企业需要运用的升级机制类型是技术变化无关升级，需要企业具备技术变化无关的价值创新能力。这种升级路径的适用情形有：①企业的发展与技术的变化无关，即属于技术无关型企业。在这种情形下，通过非技术形式开展价值创新是企业进行转型升级的唯一路径。但随着社会发展，很少有企业的发展能真正与技术无关，所以，从动态发展的视角看，这种情形日益少见。②在技术相关型企业发展的某一阶段，企业现有的技术水平已经能够满足顾客对产品技术性能的需要，企业发展暂时不需要技术创新支持。在此情形下，可以通过非技术形式的价值创新进行转型升级。需要注意的是，如果技术变化是企业发展的重要影响因素，则非技术形式的价值创新往往仅能带来暂时的升级效果，不具有长期的可持续性。因为对于具有一定技术含量的产品来说，价值创新方案的形成需要以企业具备的技术创新能力为制约与后盾。换言之，如果价值创新方案包含技术元素，则企业的技术创新水平会制约价值创新方案的设计，价值创新必须适应技术发展水平并考虑技术实现能力，不能脱离当前技术创新水平的约束。尤其是对于技术性能起决定作用的产品来说，如果技术性能达不到用户要求的价值创新，即使再完美的价值创新方案也很难实现。可以说，对于这类产品，企业技术创新能力的大小直接决定了其价值创新的程度，影响价值创新方案的可行性。比如，当手机设计与生产技术没有出现的时候，手机只能存在于人们的想象之中。与此同时，手机性能与质量的提升、外观的改变，甚至价格的下降都离不开相关技术的发展。

4.3.3　技术创新与价值创新并列型

技术创新与价值创新并列型是技术创新与价值创新同时存在但二者之间没有反馈与互动的一种升级路径（与图 4-3 相对应）。在这种升级路径下，对于价值创新，仅存在与技术变化无关的价值创新，不存在与技术变化相关的价值创新；对于技术创新，仅存在与顾客价值无关的技术创新，不存在与顾客价值相关的技术创新，即仅存在与顾客价值无关的工艺技术创新。在这种升级路径下，技术创新仅服务于内部需要，价值创新仅依赖非技术手段进行，二者平行运作，各自独立发挥作用。在此路径下，企业需要运用的升级机制类型从价值创新的视角看，仅包括技术变化；从技术创新的视角看，仅包括顾客价值。当企业的价值创新不需要技术支持、技术创新仅服务内部需要时，可以采用这种升级路径。这种路径需要企业同时具备与顾客价值无关的工艺技术创新能力以及与技术变化无关的价值创新能力。由于这种路径孤立看待技术创新和价值创新之间的关系，不能认识到二者的相互作用对企业发展的价值，难免会丧失很多升级机会，导致升级效果难以持久。很显然，此路径仅适用于技术相关型企业发展的某一特定阶段。

4.3.4 技术创新引领型

技术创新引领型是技术创新包含价值创新的耦合状态所对应的一种升级路径（与图 4-4 相对应）。在这种升级路径下，技术创新除了可以提升顾客价值，还包括了与顾客价值无关的技术创新，但顾客价值的提升都是通过技术手段予以满足的，企业没有采用非技术的方式进行价值创新。在此路径下，企业需要运用的升级机制类型从技术创新的视角看，不仅包括顾客价值相关升级，还包括顾客价值无关升级；从价值创新的视角看，仅包括技术变化相关升级。所以，这种路径需要企业具备与顾客价值相关的技术创新能力、与顾客价值无关的技术创新能力以及与技术变化相关的价值创新能力。在技术创新引领下，企业秉承技术至上的理念，重视对研发的投资及对研发人员的激励，重视对前沿科学技术的探索性、尝试性研究，有利于积累基础技术知识，有利于深化科技能力，有利于紧跟技术发展潮流甚至引领行业关键与核心技术的发展方向。所以，此路径不仅可以达到技术创新独占型升级路径的效果，还可以通过核心与关键技术的改进提升顾客价值，通常为技术驱动型企业所采用。然而，为了取得理想的升级效果，与顾客价值相关的技术创新需要以顾客价值为导向，需要通过对市场趋势的分析与预测，加强对顾客需求的深刻洞察与理解，唯有如此，技术上先进的产品才能获得顾客的青睐。否则，企业可能会因过于关注技术的“高精尖”、过分追求新技术新知识而陷入盲目的“技术崇拜”，导致企业研发投入较大，研发风险较高。即使这样，由于这种路径仅把价值创新作为技术创新的附带成果，忽略了技术以外的顾客价值提升渠道，如友好周到的服务、优美的环境、便捷的购物方式、良好的口碑、提升顾客的体验价值及情感价值等，可能导致企业错失许多蓝海创造机会。

4.3.5 价值创新引领型

价值创新引领型是价值创新包含技术创新的耦合状态所对应的一种升级路径（与图 4-5 相对应）。在这种升级路径下，对于价值创新，既存在与技术变化相关的价值创新，也存在与技术变化无关的价值创新；对于技术创新，仅存在与顾客价值相关的技术创新，不存在与顾客价值无关的技术创新。当企业不需要与顾客价值无关的技术创新且认为技术创新应完全服从于价值创新需要时，可以采用此种路径。在此路径下，企业需要运用的升级机制类型从价值创新的视角看，不仅包括技术变化相关升级，还包括技术变化无关升级；从技术创新的视角看，仅包括顾客价值相关升级。从对能力的要求看，此路径不仅需要企业具备与技术变化相关的价值创新能力、与技术变化无关的价值创新能力，还需要企业具备与顾客价值相关的技术创新能力。在这种升级路径下，强调顾客需要决定一切，技术创新完全服从于顾客价值提升需要，而顾客价值的提升不仅来自技术的改进，还来自各种与技术无关的渠道。此升级路径通常与市场需求结合紧密，注重对顾客需求的挖掘，基于用户需求形成价值创新方案，然后动员企业的各种资源予以满足，其方案中对技术元素的要求还能为企业的技术研发指明方向，不仅可以达到价值创新独占型升级路径的效果，而且还能够注重利用技术力量增加顾客价值。但在这种升级路径下，企业的技术创新是被动适应价值创新的需要，通常仅限于技术利用式创新或简单的技术开发。而且，企业一旦出现与顾客价值无关的技术创新需要，此路径将难以为继。如果是非技术型企业，采用此路径是扩大获利空间的有利选择。对于技术型企业，如果当前的技术积累能够满足价值创新的要求，采用此路径短期内也可以提升获利能力。长期来看，由于对顾客价值构成元素进行明确界定是开展价值创新的前提，而这些界定需要建立在现有的技术、能力、资源基础之上，这样，在价值创新引领下，企业通常只会关注当前的客户需求，注重“短平快”产品的开发，可能造成企业在技术发展上的短视行为。因为很多技术在发展初期，所能带来的顾客价值是不清晰的，如果从当前价值创新的要求出发，可能就会放弃对这些前瞻性技术的研发，以致企业在需要这些技术时，会因缺乏技术储备而采用技术引进、模仿的方式。长此以往，企业难以有原创性的技术突破，难以成为新技术轨道的开辟者，在核心与关键技术的发展上总是受制于人。而且，在这种升级路径下，企业由于忽略了顾客价值无关的技术创新给企业带来的价值，也会错失一些升级收益。此路径通常为技术应用型企业所采用。

4.3.6 技术创新与价值创新并进型

技术创新与价值创新并进型是技术创新与价值创新相互嵌套所对应的一种升级路径，属于技术创新与价值创新双轮驱动型升级（与图 4-6 相对应）。在这种升级路径下，企业既存在与顾客价值相关的技术创新，也存在与顾客价值无关的技术创新；既存在与技术变化相关的价值创新，也存在与技术变化无关的价值创新。在此路径下，企业需要运用的升级机制类型包括技术变化相关升级、技术变化无关升级、顾客价值相关升级、顾客价值无关升级。采用这类升级路径时，企业能够将技术创新与价值创新同时推进，既注重市场引领，又能看到技术的广泛作用，但由于企业发展理念的差异，可能在对技术创新与价值创新的安排上有所不同。所以，按照企业对技术创新和价值创新考虑的优先次序，可以将该路径进一步区分为两种方式。

（1）技术创新牵引、价值创新配合与放大型。在这种升级路径下，企业优先强调技术的作用，企业的技术研发既关注前瞻性的客户需求，关注技术的未来发展趋势，强调对新知识新技术的探索、创造、开发与利用，注重技术储备，又关注对当前客户需求的满足，强调对现有技术的开发利用，通过顾客价值无关以及相关的技术创新进行转型升级；企业的价值创新关注当前的客户需求，重大的价值创新都是由技术上的改变引起的，且除了通过技术创新带动价值创新之外，还通过非技术手段的价值创新，比如构建良好的客户关系、提供优质的服务、拓展市场范围、提升品牌影响力等，不断扩大技术创新的收益。从对能力的要求看，此路径不仅需要企业具备较强的与顾客价值相关及无关的技术创新能力，还需要企业具备较强的与技术变化相关及无关的价值创新能力。采用这种路径的企业，不仅能充分认识到技术的价值，还可以放大技术创新的价值。这类企业能够认识到，技术创新的商业化成功，除了技术元素，还需要制造、营销、品牌、渠道、服务等功能的协同，而这些功能本身，也是创造顾客价值的重要来源。而且，价值创新涵盖了比单纯产品技术创新更为丰富与广阔的内涵。所以，通过价值创新，企业不仅可以将技术蕴含的价值市场化，还可以将非技术手段作为助推器与放大器，比如通过有针对性地提升品牌价值、服务价值、体验价值等方式，提升顾客价值，扩大技术创新收益。具体来说，在产品创新的基础上，通过价值创新，可以向顾客提供更为完整的解决方案，从而扩大产品的市场份额；还可以扩大产品的应用领域，将现有产品应用于新的行业，开发新的市场。所以，如果两家公司的技术创新能力相似，单纯依赖技术创新的收益可能要远少于同时善于价值创新的公司。比如20世纪20年代的福特公司，其技术能力与同时期的其他汽车公司相比并无明显优势，但其通过价值创新，创造了蓝海，引领了汽车产业发展。总之，这种升级路径能将技术创新与价值创新的优势有机结合：在技术创新的牵引下，企业致力于掌握影响乃至引领行业发展的关键与核心技术，价值创新可以适时地放大技术创新的收益，二者相得益彰，能够有效克服单独强调技术创新或价值创新的片面性，有助于技术驱动型企业做强做大。但是，此路径需要企业能够合理平衡技术创新与价值创新对资源的需求，还需要企业具备较强的技术引领能力，一旦企业失去技术领先优势，这种路径也难以为继。

（2）价值创新牵引、技术创新配合与放大型。在这种升级路径下，企业优先重视价值创新，强调客户需求的拉动作用，同时利用技术与非技术手段开展价值创新；与顾客价值相关的技术创新主要是为了满足客户当前的需求，与此同时，企业还通过一些与顾客价值无关的技术创新活动扩大经营收益。从对能力的要求看，此路径通常需要企业具备较强的与技术变化相关及无关的价值创新能力、较弱的与顾客价值相关及无关的技术创新能力。这种路径虽然能同时认识到技术创新与价值创新的价值，但对价值创新更为重视；与价值创新引领型路径一样，采用此路径，企业虽然也能认识到技术创新的作用，但通常在技术发展上比较短视，比较注重“短平快”产品的开发，注重技术的引进、模仿与追随，技术上的“拿来主义”思想比较严重，忽略对前瞻性技术的探索与积累，所以难以有原创性的技术突破，在核心与关键技术的发展上总是受制于人。如果想要靠这种路径不断实现转型升级，可能需要不断进行规模扩张或多元化拓展。所以，这种路径通常适合于技术应用型企业。对于技术驱动型企业来说，这种路径可能帮助企业做大，但无助于企业做强。

根据以上分析，可以将不同转型升级路径的特点、适用条件、关注焦点、升级机制的具体类型、对企业能力的要求以及所能获得的升级效果的持久性做对比，如表4-1所示。

表 4-1 不同转型升级路径对比

升级路径	特点	适用条件	关注焦点	升级机制具体类型	能力要求	升级效果持久性
技术创新独占型	没有价值创新，仅有工艺技术创新	顾客价值已经得到满足	与顾客价值无关的工艺创新	顾客价值无关升级	与顾客价值无关的工艺技术创新能力	一旦“适用条件”发生变化，或相关的“能力要求”无法达到，相应的升级路径就会失去应有的效果
价值创新独占型	没有技术创新，仅有价值创新	企业发展暂时不需要技术支持	与技术变化无关的价值创新	技术变化无关升级	与技术变化无关的价值创新能力	
技术创新与价值创新并列型	技术创新与价值创新各自独立存在	技术创新仅需满足内部需要，价值创新不需技术支持	与顾客价值无关的工艺技术创新、与技术变化无关的价值创新	顾客价值无关升级、技术变化无关升级	与顾客价值无关的工艺技术创新能力、与技术变化无关的价值创新能力	
技术创新引领型	技术创新包含价值创新	价值创新是技术创新的附带成果，不需要非技术方式的价值创新	与顾客价值相关的技术创新、与顾客价值无关的工艺技术创新、与技术变化相关的价值创新	顾客价值相关升级、顾客价值无关升级、技术变化相关升级	与顾客价值相关的技术创新能力、与顾客价值无关的技术创新能力、与技术变化相关的价值创新能力	
价值创新引领型	价值创新包含技术创新	技术创新只需满足顾客价值提升需要，不需要与顾客价值无关的技术创新	与技术变化相关的价值创新、与技术变化无关的价值创新、与顾客价值相关的技术创新	技术变化相关升级、技术变化无关升级、顾客价值相关升级	与技术变化相关的价值创新能力、与技术变化无关的价值创新能力、与顾客价值相关的技术创新能力	

续表

升级路径		特点	适用条件	关注焦点	升级机制具体类型	能力要求	升级效果持久性
技术创新与价值创新并进型	技术创新牵引、价值创新配合与放大型	技术创新与价值创新部分重叠，但优先考虑技术创新	技术创新能发挥牵引作用，价值创新能发挥放大作用	与顾客价值相关的技术创新、与顾客价值无关的工艺技术创新、与技术变化相关的价值创新、与技术变化无关的价值创新	顾客价值相关升级、顾客价值无关升级、技术变化相关升级、技术变化无关升级	较强的与顾客价值相关及无关的技术创新能力、较强的与技术变化相关及无关的价值创新能力	一旦“适用条件”发生变化，或相关的“能力要求”无法达到，相应的升级路径就会失去应有的效果
	价值创新牵引、技术创新配合与放大型	技术创新与价值创新部分重叠，但优先考虑价值创新	价值创新能发挥牵引作用，技术创新能发挥放大作用	与顾客价值相关的技术创新、与顾客价值无关的工艺技术创新、与技术变化相关的价值创新、与技术变化无关的价值创新	顾客价值相关升级、顾客价值无关升级、技术变化相关升级、技术变化无关升级	较强的与技术变化相关及与技术无关的价值创新能力、较弱的与顾客价值相关及无关的技术创新能力	

4.4 转型升级路径与企业属性的关联性

从前文的分析可以看出，所有的升级路径都有其适用条件、能力要求，也都有不同的优缺点，这也决定了不同升级路径对不同属性的企业的适用性是不同的。

技术无关型企业在遇到发展困境时，如果不改变发展思路，进入技术相关领域，则必须通过不断的价值创新进行转型升级。所以，固守技术无关的企业，其适用的转型升级路径只有一种类型，即价值创新独占型。当然，如果其改变发展理念，将技术嵌入企业发展过程，则所有的转型升级路径都适用。

对于技术相关型企业来说，理论上，所有的转型升级路径都是适用的。但是，两种技术相关型企业在适用路径的优先次序上还是有所差别的。具体来说，对于技术驱动型企业，为了保持技术领先，需要持之以恒进行技术投入，研发行业关键技术，充分重视技术创新的作用，所以，技术创新引领型路径和技术创新牵引、价值创新配合与放大型路径对其更加适用。进一步地，技术驱动型企业如果想做大做强，在激烈的竞争环境中，仅有技术创新是不够的，还需要有价值创新，以更好地满足顾客需要。据此推断，旨在做大做强的技术驱动型企业在激烈的市场竞争环境中，最适用的路径是技术创新牵引、价值创新配合与放大型路径，其次才是技术创新引领型路径，至于其他转型升级路径，适合作为辅助性的路径，否则，企业的属性就会发生变化，无法实现真正的技术驱动。与之不同的是，对于技术应用型企业来说，本身不追求技术上的领先，但应强调运用现有技术满足当前的顾客需求，所以，价值创新引领型路径和价值创新牵引、技术创新配合与放大型路径相对而言对其更加适用。进一步地，技术应用型企业如果处于激烈的竞争环境中，为了发展壮大，不能仅着眼于满足顾客需要，还应当注重利用技术创新提升企业内部效率、降低成本，所以，旨在发展壮大的技术应用型企业面对激烈的竞争时，最适用的路径是价值创新牵引、技术创新配合与放大型路径，其次是价值创新牵引型路径，至于其他路径，适合作为辅助型路径。但是，如果技术应用型企业处于技术进步快、对技术要求高的行业之中，面对激烈的竞争环境，还坚持技术应用型的企业属性定位，即使一直采用价值创新牵引、技术创新配合与放大型的转型升级路径，但由于技术上的被动地位，也只能使企业做大，难以使企业做强。这意味着，如果企业对自身属性的定位出现偏差，即使采用了与其属性相匹配的转型升级路径，也难以达到理想的转型升级效果。

4.5　案例分析 1：三全食品

4.5.1　三全食品概况

三全食品位于郑州市综合投资区长兴路中段，是国内首家速冻面米食品企业，亦是中国生产速冻食品最早、规模最大、市场网络最广的企业之一，主要从事速冻汤圆、速冻水饺、速冻粽子、速冻面点等速冻米面食品和常温方便食品的研发、生产和销售。

三全食品前身是创始人陈泽民于 1987 年投资 1.5 万元创立的三全冷饮部，1992 年，郑州三全食品厂成立，开创了中国速冻食品产业。之后，郑州三全食品厂分别于 1998 年、2001 年经历两次变更，成立了郑州三全食品股份有限公司，注册资本为 4300 万元。2003 年 11 月 4 日，经商务部批准，东逸亚洲有限公司、苏比尔诗玛特控股有限公司、长日投资有限公司分别向三全食品投资，企业的注册资本增加至 7000 万元，企业性质变更为外商投资股份有限公司。2008 年 1 月 30 日，三全食品向社会公开发行人民币普通股（A 股）2350 万股，企业上市。三全食品自成立以来一直致力于速冻主业的发展，始终站在中国速冻食品美味、健康领域的前沿，不断进行转型升级，逐步由一个传统的劳动密集型企业转变为一个有着更高技术含量和资本含量的现代化食品企业，发展迅速。三全食品已从成立之初的小作坊，发展至 2022 年末企业资产总额达到 75.30 亿元，净资产 38.79 亿元，营业收入 74.34 亿元，净利润 8 亿元的上市企业。在国内速冻食品行业，三全食品长期以来始终在品牌优势、市场份额、综合实力等方面处于领先地位，比如三全食品目前的市场占有率超过27%，连续多年位居行业第一。

4.5.2 三全食品转型升级路径分析

（1）初创阶段（1987—1992年）。

1987年，陈泽民借款1.5万元创建了三全冷饮部，主要经营软质冰激凌。冰激凌的生意虽然不错，但每年10月之后，冷饮业进入淡季，冷饮部的几十个工人就不知道干什么好。为了给工人们找到一份冬季里也可以从事的工作，陈泽民多年前在四川工作时学会的制作汤圆的手艺派上了用场，他开始在冬季生产汤圆。但是，由于储藏的问题，每天生产的汤圆必须当日销售掉，产量不可能太大，怎样才能够实现汤圆的大规模销售和大规模生产呢？如果生产的汤圆能够冷冻并储藏起来，就可以大大提高生产的数量。于是，陈泽民开始研究速冻汤圆的生产工艺。1990年春天，陈泽民试制出了中国第一颗速冻汤圆，并先后申请了速冻汤圆生产发明专利和外形包装专利。1990年下半年，陈泽民根据热播的电视剧《凌汤圆》，为速冻汤圆起名为“凌汤圆”，并注册申请了“三全”“三全凌”“凌”商标。凭借着独特的速冻技术与速冻产品，陈泽民于1992年正式成立了郑州市三全食品厂，经营汤圆、水饺、粽子等食品，这些食品完全靠手工包制。郑州市三全食品厂的成立，开创了中国速冻食品产业。

（2）第一次转型升级路径分析（1993—2001年）。

三全食品厂成立后，由于产品靠手工包制，产能有限，产品质量受生产者工作状态、熟练程度、工作态度的影响很大，以致产品质量参差不齐，影响了产品的市场形象；在手工包制条件下，为了扩大产能，必须增加用工数量，而随着用工数量的大量增加，工人在生产车间大量聚集，不仅增加了食品安全风险，还增加了管理难度。产品质量不稳定，食品安全风险大。而且，随着产能的扩大，速冻环节的效率不高也成为产能扩张的新“瓶颈”，这严重制约了三全食品的发展。此外，随着我国工业化进程的加速，江浙沿海地区用工大量增加，河南本地企业的用工也开始出现困难，用工成本大幅增加。单纯依靠增加劳动力扩张产能的方法遭遇工资成本上升的压力。为了打破这种手工生产、小规模速冻的生产格局，破解产品质量不稳定、食品安全风险高、用工成本增加的难题，陈泽民认识到，必须抛弃传统的手工制作方式，对生产工艺和设备进行升级改造，向现代化的生产方式转变。所以，第一次转型升级，三全食品采用的路径是技术创新引领型。

长期以来，我国水饺和汤圆普遍采用手工制作方式，并没有现成的工业化生产设备；由于外国人不吃水饺和汤圆，国外的食品机械企业也没有大规模生产设备出售，这造成了三全食品所需的设备在国内外都无法买到的局面。在这种情况下，陈泽民和他的技术人员买来了铁皮、无缝钢管、泡沫板、涡流风机等，自己动手设计出三全食品最早的生产线。三全食品毕竟不是做设备的行家，自己生产的设备虽比较符合企业的实际需要，成本也比较低，但这些设备的效率也很低，一次只能生产 2 个水饺或汤圆。为了解决这个问题，三全食品请来生产设备的设计单位，不厌其烦地向设计单位表述自己的设计思想，并让其到现场了解三全食品对设备的需求，请设计单位设计出生产图纸；之后，再按照图纸要求与国内外的设备生产厂家联系，向他们定制三全食品专用设备。在三全食品技术人员、设计单位以及国内外设备生产厂家的合作下，一次生产 4 个、一次生产 6 个水饺或汤圆的设备先后被研发出来。新设备的投入使用，极大提高了企业的生产效率。用陈泽民的话说，终于看到了汤圆和水饺像下雨一样被生产出来的壮观景象。

生产环节效率提高后，大量快速生产的食品如果不能被及时冷冻，食品的质量及安全就无法得到保证。为了改变小规模速冻的现状，提高产品速冻环节的效率，三全食品提出了自制大型快速冷冻隧道的设想，并迅速投入人力、物力进行研发。1993 年，三全食品自制的大型速冻隧道开始投入使用，使生产出来的水饺及汤圆能在 15 分钟内完成快速冷冻，打破了速冻环节的效率“瓶颈”，实现了速冻汤圆、饺子的大规模生产和销售。1995 年，三全食品将其速冻技术应用在粽子上，研发了中国第一颗速冻粽子，将粽子这种南方的节令食品转化成了四季食品，并开发出了黑糯花生米粽、蜜枣粽、菠萝粽、荸荠粽、莲子粽、白米粽、叉烧粽、烤香薯粽、鱿鱼粽、八宝粽、豆沙粽、鲜肉粽等 12 个品种。1999 年，三全食品又购买了200多台速冻汤圆生产设备，使得公司的速冻汤圆实现了大规模自动化生产。

速冻可以使食品细胞内外水分同时冻结，细胞不被破坏，充分保持了食品的色、香、味和营养成分，而且易于保存和运输，使原来季节性的食品变为一年四季随时可有，使区域性、地方性的“短腿产品”变为“长腿产品”走向全国乃至海外（牛卫国、杨桦啸，2002）。由于速冻产品的这些优势，使得产品推出后，在全国热销，市场上出现了供不应求的局面。

（3）第二次转型升级路径分析（2002—2009年）。

由于速冻产品广受市场欢迎，1995年前后，大量仿制三全食品的企业出现了。比如，1997年，新闻记者出身的李伟拿着借来的200万元，在三全食品厂址同一条街的斜对面成立了思念公司，与三全食品展开直接竞争。此时，除了外部市场竞争的压力，三全食品还认识到，企业内部也存在一系列问题：品牌形象不足，产品种类与独特性不足；集团管理效率低；土造冷库储存能力有限，管理效率低，作业效率低；占用劳动力多，劳动强度大，易造成职业病。与此同时，三全食品发现，相对于国内日趋激烈的竞争市场，国外市场空间巨大，有待开拓。为了应对竞争，开发国外市场的潜力，解决企业内部存在的问题，三全食品认为，仅靠技术创新的引领已经不足以使企业继续保持竞争优势，企业面临着再次转型升级的抉择。

与早期主要是通过技术上的不断改进提升顾客价值、引领企业快速发展不同，2002—2009年，三全食品为了促进企业发展，同时采用了三条转型升级路径：价值创新独占型路径，价值创新牵引、技术创新配合与放大型路径，技术创新独占型路径。

第一，价值创新独占型路径。这表现为两个方面：一是开拓国际市场。面对国内市场的竞争压力，三全食品开始注重对国际市场的开拓，将现有产品推向国外市场，为国外市场的顾客提供差异化的顾客价值。比如，2002年，三全食品在同行业中率先走出国门，将产品出口到加拿大。2007年5月，三全食品首次向英国出口“常温微波方便米饭”。二是大力进行品牌宣传。为了提升产品知名度，树立良好的社会形象，三全食品在严抓产品质量的同时，加大了宣传力度，不断提升产品的品牌价值。2002

年，三全食品开始聘请影视明星为汤圆代言，“三全凌汤圆，味美香甜甜”的广告语家喻户晓。2005 年，三全食品再次签约影视明星代言状元水饺。2008 年 5 月，三全食品向四川地震灾区捐款 161 万元，为广大民营企业树立了良好的榜样。2008 年 7 月，三全食品聘请知名台湾主持人为状元水饺代言，进一步扩大状元水饺的市场渗透力。2008 年 9 月，状元水饺走上“神七”团队餐桌。“冠军品质，状元味道”“用心细节，精致生活”“把轻松还给生活”“三全食品，中国速冻食品专家”等广告语深入人心，将企业的目标定位精确传播，企业的品牌形象、公众形象得到了迅速提升。2008 年，三全食品还对面点品类进行整合，推出专业品牌面点坊，启用全新品牌形象，并首开面点行业全国性电视媒体投放、网络媒体投放先河，成为 2008 年度速冻行业的一匹黑马，并获取市场占有率绝对领先优势。

第二，价值创新牵引、技术创新配合与放大型路径。这一阶段，三全食品不断推出新产品，而这些新产品的推出是建立在工艺创新基础之上的。具体表现为，三全食品不断根据市场需要推出新产品，不断开发新的系列和品类，丰富产品线，提供差异化的顾客价值。比如，2002 年整合资源开始涉入速冻面点行业。2004 年引进国际最先进的常温食品生产线开始推出常温食品。2004 年还推出了状元水饺，产品定位中高端，超高性价比。状元水饺上市之初，产品是 800 克软包装。2006 年 9 月，状元水饺推出了 702 克的精包装，产品定位更高端，品质全面升级，被称为市场上馅含量最大的水饺。2007 年 9 月，三全食品根据中国人南北口味的差异，推出了独特的东北风味状元水饺，开创了水饺行业口味细分的先例。

第三，技术创新独占型路径。2002—2009 年，三全食品的技术创新除了配合价值创新的需要之外，还通过提升内部管理效率、降低劳动成本等方式助力企业转型升级，主要表现如下。

首先，为了满足企业快速发展需要，提高集团管理水平，三全食品 2006 年开始引进 SAP ERP 系统并在企业推广应用。借助 SAP ERP 的解决方案，三全食品可以全面支撑分（子）公司财务管理，实现了分（子）公司财务集中管理，构建了实时集成的信息管理平台，实现物流、资金流、信息流的统一。SAP ERP 系统在三全食品成功地实施与应用，为企业的发展带来了应有的经济效益，如库存准确率由 52%提高至 97%、车间生产余料平均减少 85%、计划准确率提高了 23%、成品报废率由 3.47%下降至 1.36%，财务结账时间由 8 天下降到 2 天等。2009 年，财务费用同比下降 53.19%，管理费用下降 20%，销售费用下降 2.6%。

其次，除了信息化改造，自动化立体冷库的建设也为企业发展注入了新的活力。早期，三全食品的成品库是土造的零下 30 多度的冷库。在冷库内，工人要穿着厚厚的棉衣，戴着棉帽、棉手套和防冻面罩，传递装着水饺或汤圆的铁盘子，将铁盘子摆在像图书馆书架一样的货架上。传统冷库占用劳动力多，工人的劳动强度大，还容易造成关节炎等职业疾病。而且，仓库储存能力有限，仓储作业时间长，仓储管理效率低，产品容易出现包装破损、散包等现象。为了改变冷库现状，三全食品开始在太原、上海甚至国外寻找合作伙伴，并将不同厂家的研发人员聚集在一起，集思广益、齐心协力突破这个“低温技术”难关。攻克技术难关后，三全食品于 2008 年 4 月开始投资建造新型冷库，2009 年 10 月 9 日，一座最高容量 2 万吨、日吞吐量 2300 吨的自动化立体冷库正式投入运行。自动化立体冷库在功能上实现了货龄管理先进化、运营管理现代化和存取货物自动化，给企业带来了诸多好处：自动化立体冷库的投入使用，大大提高了仓储管理水平，提升了物品调动和作业的准确率，提高了物流速度；改变了工人艰苦的劳动条件，节省了大量的劳动力，工人的劳动量也大大减轻；在相同的土地面积上，自动化仓库比普通仓库的储存能力提高了几倍甚至几十倍；产品出入库作业迅速、准确，缩短了作业时间，提高了作业效率；自动化仓库可以将库存量控制在最经济的水平上，还通过计算机控制结束了普通繁杂的台账手工管理方式，提高了仓库的管理水平；在自动化仓库中，存放的商品多、数量大、品种多样，搬运作业安全可靠，避免了产品包装破损、散包等现象出现。

（4）第三次转型升级路径分析（2010 年至今）。

2010 年之前，三全食品通过技术上的不断改进、顾客价值上的不断更新引领着行业发展，取得了不俗成绩。但速冻食品行业经过激烈竞争的优胜劣汰，至 2010 年前后，基本形成了寡头垄断格局。比如，2001 年，行业前 12 家企业的市场份额仅为 40%。至 2009 年末，行业前四家企业已经占有了50%的市场份额。前四家企业各个实力强劲，所以，即使这时三全食品的市场占有率接近24%，面对强大的竞争对手，三全食品也不能掉以轻心。与此同时，三全食品的总裁陈希还意识到："随着消费者生活品质的提高、城镇化进程的加速，消费者对速冻食品的要求也不再停留在便捷、安全，而要更好吃、更营养、有新意。"但是，企业生产的高端产品不足，无法满足消费品质升级的需要。此外，三全食品内部还存在以下问题：企业的供应链管理能力有待加强、成本费用水平有待进一步降低、运营效率也有待进一步提升。因此，面对寡头竞争的格局、消费品升级的要求以及企业内部存在的问题，如何在后续发展中持续保持优势，成为三全食品不得不考虑的重要问题，也推动企业开启了第三次转型升级。

第三次转型升级，三全食品同时采用了三条升级路径：价值创新牵引、技术创新配合与放大型路径，技术创新独占型路径以及价值创新独占型路径。

第一，价值创新牵引、技术创新配合与放大型路径。这一阶段三全食品不断通过技术创新配合企业价值创新的需要。

一是企业2010年将"做餐桌美食供应商的领导者"作为发展目标，将家庭和餐厅都视为未来的客户，还表明了将业务从单纯的速冻米面食品向其他速冻食品业务发展的计划和决心。为了引领新一轮高端速冻食品的消费升级，三全食品2010年除了推出"果然爱"水果汤圆，还重磅推出"大包仔"系列产品。"大包仔"是面点坊的新成员，主打咸包市场。产品定位为"大包有大量，早餐好吃又过瘾"。"大包仔"融汇中华八方美食精华，集结淮扬、天津、粤式、港式四大经典风味，选用丰富新鲜食材入馅，单个重为65克，约是原有包子的2倍，馅料更充足，早餐吃着更过瘾。2011年推出"龙舟粽"；2012年推出"私厨"系列水饺；2015年推出速冻牛排、速冻披萨；2015年还启动一项名为"三全鲜食"的业务，为终端消费者提供新鲜即食餐饮服务；2016年推出儿童系列水饺、炫彩小汤圆。三全食品在传统品类上做口味和材料的升级，同时不断推出创新品类，迎合消费升级，推动产品结构不断上移，提升高端产品的比例。企业在速冻水饺、速冻汤圆、速冻馄饨、速冻粽子、速冻包子、速冻面点、常温米饭等多种主食产品的基础上，不断根据市场需求开发新的系列和品类，不断丰富产品线。2022 年 7 月 8 日，三全食品推出空气炸锅系列美食新品，包含焦炸系列和特色食材两类。三全食品发展至今，成功实现了产品的多品种、系列化创新发展，成为拥有低温冷冻、特色出口、军用产品、常温即食等 14 个品类 400 多个品种、年生产能力达 20 万吨的中国速冻食品的领导型企业。

二是为了向消费者提供安全可靠的食品，企业以“消费者满意”为最终导向开展各项质量管理工作，完善各环节的食品安全管控措施，持续提高产品竞争力。在食品安全防护方面，企业加强对员工的培训，从人员、原料、生产、运输各个环节加强对质量的管控，打造了一条完整的从原料来源到终端销售的食品安全供应链，有力保证了产品的品质和安全。三全食品被授予“中国食品工业质量效益先进企业奖”和“全国质量管理先进企业”等荣誉。

三是为了更好地服务客户，2010 年 6 月，三全食品开始在河南、上海试点推出 SAP CRM（客户关系管理系统）、SAP BW（数据智能分析系统），并于 2011 年 6 月在全国推广应用。为了提升决策质量，三全食品之后又推出了 SAP Business Objects 系统，支撑业务的快速扩张，助力企业成为餐桌美食供应商中的领导者。为了将企业信息化平台向移动终端延伸、有效提升企业销售的执行力、加强沟通、规范终端销售人员的工作流程、提高销售效率、加强对销售人员在外监管，三全食品于 2011 年 2 月与中国移动、上海意贝斯特合作，开发基于手机终端的移动销售管理系统。此系统上线后，企业可以在第一时间收集汇总市场上各类信息数据，这些数据通过与 SAP ERP、SAP CRM 对接，并通过 SAP BW 系统进行展现，提高了企业的销售能力，降低了管理成本，并能为企业的经营决策提供有效的依据。

第二，技术创新独占型路径。面对企业存在的供应链管理能力不足、成本费用水平偏高、运营效率有待提升等问题，三全食品不断加强生产经营和财务管理，改善供应链管理，优化生产工艺，强化节能降耗，控制成本费用，提高运行效率。为了提升自主创新能力，三全食品始终坚持科技创新战略。聚集创新资源、营造创新环境、健全创新体系，鼓励科研人员进行自我学习，了解科技发展新动态。加快推进科技创新载体平台建设，推进与知名高校、科研院所的深度合作，积极承接国家、省、市等科研课题，成为行业科技创新的领军企业。2018 年企业申报承接“十三五”国家重点研发计划项目“植物性预制调理食品产业应用与示范”“自热副食食品产业化示范”“大比重不规则固体食品智能化包装关键技术与设备研究及产业化示范”等；申报主持郑州市重大科技创新专项“速冻非发酵中式主食产品开发与装备研究及产业化示范”；在研“十三五”国家重点研发计划项目研究任务“应急救灾面制食品工程化技术研究与产业化示范”。这些技术创新举措及研发上的努力，为三全食品的未来发展奠定了基础。

第三，价值创新独占型路径。这表现为三个方面。

一是除了产品类型、口味上的推陈出新之外，为了提升顾客价值，三全食品不断巩固提升品牌形象，加快推进营销渠道能力建设，并加强海外市场的拓展。比如，2012 年 12 月企业为私厨系列水饺推出了全新的产品广告“吃点好的，很有必要”“每颗水饺，都是一道好菜”。2018 年春节，为炫彩小汤圆推出了“三全炫彩小汤圆，美好生活，从小开始”的广告。三全食品不断通过电视、网络等公众媒体进行品牌传播，赢得了亿万消费者的青睐，成为速冻食品行业第一品牌。同时，企业不断拓展线上业务，通过“自营+分销”模式与天猫、京东、拼多多等平台密切合作，提升平台销售；与美团、叮咚买菜形成战略合作关系，提升生鲜电商销售份额；发展社团电商和到家业务；紧抓兴趣电商发展红利，通过旗舰店自播和达人直播带货，开辟抖音和快手平台销售渠道；与多位头部主播和明星主播开展多频次合作，使微波系列产品和空气炸锅系列产品等新产品加速线上传播。为了快速服务消费者，企业在郑州、天津、佛山、成都、太仓等地建立了生产基地，由企业下属的分（子）公司及经销商共同组成遍布全国各省、市、县的销售渠道和网络，保证产品短期内完成生产并迅速推广到全国各地的终端市场。

二是开发餐厅客户。在餐饮市场方面，基于企业自身的产品研发、生产及采购规模化能力、质量管控与冷链配送平台，为连锁餐饮提供一站式标准化及个性化产品的食材供应服务，其销售模式为“直营+经销覆盖”，主要深耕快餐、火锅、团餐渠道场景，已构建出服务于全国餐饮食材经销服务网络，同时与百胜餐饮集团、海底捞、呷哺呷哺、永和大王、真功夫、华住酒店集团、康帕斯、索迪斯等知名餐饮连锁品牌形成深度合作。为了发展餐饮市场，三全食品采取了为客户定制的开发产品模式。例如，三全食品帮助海底捞开发小油条等产品，净利率水平介于自营与经销之间。

三是三全食品“走出去”的力度加大，将三全美食摆上了越来越多海外居民的餐桌。2017 年 12 月，速冻汤圆成功进入英国市场；2018 年 5 月，含蛋韭菜速冻饺子成功出口美国，进一步扩充了出口美国含蛋奶产品品种；2018 年 10 月，含肉速冻食品首次发往尼日利亚。时至今日，三全食品已将产品出口至美国、加拿大、澳大利亚、英国等 10 多个国家和地区，“三全美食”不断丰富着世界各地的百姓餐桌。

4.6 案例分析 2：鸽瑞公司

4.6.1 鸽瑞公司概况

鸽瑞公司是 2000 年 12 月经河南省人民政府豫股批字〔2000〕63 号文批准发起设立的股份有限公司，位于郑州市双湖经济开发区 1 号，占地 24.4 万平方米，是一个集科研、生产为一体的专业从事高精度钢带产品生产、整套工艺、装备研发的高新技术企业。

企业主要产品有电镀铬锡复合钢带，光纤电缆专用钢塑复合基带，单、双层邦迪管用钢带，深冲压制品用钢带，冲压散热器用钢带，电子元件专用钢带，电镀五金用单、双面光亮带，搪瓷产品用钢带，取向硅钢片，超薄不锈钢带，复合板，轻钢龙骨专用烤瓷基板和马口铁基板等。产品广泛用于通信光缆、金属包装、五金家电、轿车配件、化工、装饰、电子电池、建筑、深冲压制品等行业。企业所有产品经过河南省产品质量监督检验所的质量监督检验，审查合格，并批准产品使用河南省质量监督检验数码防伪标识。企业主导产品为厚度在 0.05～1.50 毫米、宽度在 20～1200 毫米范围的冷轧钢带以及镀铬锡钢带。其中冷轧钢带的最小厚度为 0.05 毫米（国内一般冷轧钢带生产企业只能轧到 0.23 毫米的厚度），最小公差为±2微米，最小宽度为20毫米，最大宽度为1000毫米。由于产品工艺先进，技术含量高，具有良好的机械性能、尺寸精度及表面质量，在国内外市场上有着较高的知名度，已在诸多领域替代了从日本、韩国进口的产品，其生产规模和市场地位也居于国内中宽幅冷轧钢带行业的前列，被河南省政府命名为高新技术产品和质量信得过产品，在国内特别是沿海经济发达地区有稳定的客户和良好的信誉，并远销到日本、美国、东南亚等多个国家和地区。

企业成立之初有职工290人，资产总额达9000万元，年销售收入不足8000万元。经过几年的快速发展，2008年，企业成为河南工业百强企业之一。2009年11月，企业股票在美国纳斯达克主板上市，得到广大投资者的关注与支持。2013年12月，由中国制造企业协会、焦点中国网和中央国情调查委员会联合发布的“2013年中国包装行业二十强”榜单上，鸽瑞公司位列第14名。至2014年，企业职工达到1100人，其中各类专业科技人员有200余人，企业已经成长为全国同类型企业中产量最大（年产80万吨）、产品品种最全、资产总额32亿元、年销售收入28亿元以上的大型精密复合钢带生产科研基地。然而，2015年，企业发展遭遇困境，时至今日仍然处于停产整顿状态。

4.6.2 鸽瑞公司转型升级路径分析

（1）初创阶段（2000—2002年）。

钢铁工业作为国民经济的重要基础产业，一直受到我国政府重视。新中国成立以来，我国的钢铁工业获得了快速发展，到1996年，我国钢产量首次突破1亿吨大关，跃居世界第一位，此后，我国钢产量一直保持世界排名第一的位置。鸽瑞公司就是在这样的背景下成立的。企业成立之初，主要生产直径为16毫米以下的热轧带肋钢筋，年产量15万吨左右。除此之外，企业还有两套冷轧机组生产线，一套是从意大利进口的，一套是从北京钢铁研究总院购入的，这两套生产线仅能生产厚度为0.25毫米以上、宽度为650毫米以下的冷轧钢带，而且生产效率较低，机组运行线速度仅为3米/秒，年产量3万吨左右。在强烈的市场需求下，企业成立后总体运行平稳。

企业成立之后的两年中，我国的钢材消费量持续走高。2002年，我国钢材消费创世界历史纪录，消费量占全球钢产量的1/4，成为世界最大的钢材消费市场，全年钢材消费量达21122万吨，比上年同期增长21.75%，钢材消费增长速度大大快于国内经济增长速度。但与此同时，企业外部市场环境正在发生着重大变化。首先，从市场需求结构来看，国内普通大中小型材和线材、焊管、热轧窄钢带、镀锡板等低端产品已经趋于饱和，而冷轧钢带、冷轧薄板、镀锌板和涂镀层板、不锈钢薄板、冷轧硅钢片、小厚度的热轧薄板等高技术含量、高附加值的高端钢材品种供不应求，需大量进口。《冶金工业“十五”规划》明确指出，我国高附加值关键钢材品种满足不了需求，每年仍需进口，其中数量较大的品种有厚度小于1毫米的冷轧薄板、厚度小于3毫米的热轧薄板、不锈钢薄板、镀锌板、冷轧硅钢片等品种。其中，冷轧钢带是用途广泛的钢材，可广泛应用于机械制造、五金制品、家电、轻工、包装等行业，并可作为镀层原板，而其价格又远低于冷轧薄板，所以受到大量企业的欢迎，市场需求大增。其次，随着经济发展，人们的环保意识提升，钢铁工业的环境污染问题开始引起政府重视。最后，随着钢铁产业结构性供求矛盾的凸显，我国《冶金工业“十五”规划》中把“总量控制，结构调整”确定为冶金工业发展的基本原则之一，鼓励发展高技术含量、高附加值的钢材品种，并在贴息贷款、进口设备免税、出口退税等方面给予市场短缺产品以政策扶持，旨在鼓励企业加快实施技术改造、淘汰落后产能、优化区域布局、完善服务体系、加快自主品牌建设、提高自主创新能力及企业竞争力。

随着市场环境变化，至2002年，企业发展遇到了以下问题：一是热轧带肋钢筋市场饱和，企业生产的热轧带肋钢筋又缺乏市场竞争力，销售困难。同时，企业的热轧带肋钢筋产品生产过程环保不达标，面临工艺改进的压力。二是21世纪之初，我国市场上精密冷轧钢带主要靠进口，而企业生产的冷轧钢带虽然供不应求，但生产线数量少，生产效率低，产量有限，且产品型号单一，不能满足多样化的市场需求。为了解决这些问题，企业决定进行转型升级。

（2）第一次转型升级路径分析（2003—2011年）。

2002年底，鸽瑞公司在对国内外钢材产业的市场需求、发展趋势、国家产业政策导向以及自身优势进行系统、深入分析的基础上，认识到热轧带肋钢筋产品应被淘汰，而发展超薄、超精冷轧钢带既与市场需求及钢材产业结构调整的需求相吻合，也与企业自身发展需求及创新能力相匹配。于是，企业提出了“科技创新、专业发展、精益求精、志存高远、品质赢天下”的产品发展理念。在该理念的指导下，企业决定停止热轧带肋钢筋的生产，并采用技术创新引领型的路径进行转型升级。本次升级的主要表现如下。

第一，自主设计650毫米冷轧钢带机组。

2003年初，鸽瑞公司考察了国内生产成型的各类钢带冷轧机组，均不能满足企业对产品生产精度的要求，如果采用国外进口设备，制造周期长、投资造价高。所以，企业决定自己设计制造一套适合市场产品需求的冷轧机组。

2003年2月该项目开始启动。在设计阶段，广大工程技术人员查找了国内外同类型轧机的技术资料，分析了各自的优缺点，根据鸽瑞公司对产品的要求制定了设计方案，目标是向国外机组技术水平看齐，所有设备在国内成套。用了近3个月的时间，技术部完成了机组设计工作，然后把技术参数提供给西安飞机制造公司，由其加工制造。另外，在机组设计的过程中，技术人员遇到的“瓶颈”是冷轧机组的产品厚度控制系统，国内成套的精度不能达到企业预期的效果，企业提出的技术要求国内许多企业不敢接受。无奈之下，企业找到燕山大学，与其共同开发该控制系统。当时，燕山大学有一个课题组正在研究此项目，对鸽瑞公司提出的技术要求也觉得没有十分把握，但他们的研究有一定基础，在这种情况下，双方共同制定方案进行控制系统设计，最后取得了成功，研究成果双方共享。

2003年12月试生产时，第一卷钢带就轧制为合格产品，钢带厚度控制精度达到了±2微米，机组运行线速度达到了7.5米/秒，设备刚度比进口机组好；控制精度国外为产品厚度的1%，鸽瑞公司的机组控制精度为产品厚度的0.7%；生产效率比同类型进口轧机提高了12%。而且，2003年，鸽瑞公司自主设计的650毫米冷轧钢带机组投产后，自主研发的部分产品如光纤电缆屏蔽钢带、棉麻机械锯片钢带、LED支架（发光二极管、三极管支架）、纽扣电池用钢带、散热器封头用钢带、高品质搪瓷用钢带、金属包装用光亮电镀铬基板等在国内市场上占有30%左右的份额，并可替代从日本、韩国进口的产品。其中，2002 年以前，光纤电缆屏蔽用钢带全部来自日本的新日铁公司，市场销售价为 1.3 万元左右 1 吨。2004 年，冷轧钢带机组投产后，当年生产了 6000 余吨投向市场，市场价格为 9800 元/吨，迫使新日铁公司的产品一路降价，当新日铁产品降至 9800 元/吨时，鸽瑞公司将产品价格又降至 7200 元/吨。经历了一年左右时间的较量，鸽瑞公司以独特的成本与价格优势，最终迫使新日铁公司退出中国市场，而鸽瑞公司的市场占有量一度达到了 40%以上。

2005 年，鸽瑞公司在原设计机组的基础上修改设计，使机组运行线速度达到 10.5 米/秒，又制作了三套轧机机组，生产效率比原来提高了近 30%，几年来运行情况良好。到 2006 年，鸽瑞公司先后投资 1.8 亿元，通过技术创新和技术改造，使各种精密冷轧钢带的生产达到了每年 20 万吨以上。

第二，自主设计 1250 毫米冷轧机组。

2010 年，随着冷轧钢带市场需求的变化，下游有许多用户采用进口生产设备，对宽幅的超薄钢带需求增大。国内的宽幅冷轧机均不能轧制 0.2 毫米以下的薄钢带（宝钢只能轧制到 0.23 毫米），为了能适应市场需求，鸽瑞公司提出了 1250 毫米轧机的设计方案，它是在国外十八辊轧机的基础上，为增加轧机的横向刚度，并且能轧制 0.2 毫米以下的钢带作为基准来实施的。鸽瑞公司提供方案，委托西安凯瑞公司进行设计，鸽瑞公司进行审核把关，然后交由中国重型机械研究院进行成套，其发明专利由鸽瑞公司和西安凯瑞公司共同申报。

2011 年 10 月，新设计的轧机投产使用，其控制精度和可靠性均处于国内一流水平，最薄轧制厚度达到 0.1 毫米，一个轧程可轧到 0.17 毫米，中间退火后，第二轧程轻松地轧到 0.1 毫米，而国内同类型轧机一个轧程只能轧到 0.38 毫米，第二个轧程最薄只能轧到 0.22 毫米。除此之外，轧机还能够轧制不锈钢等合金钢带，这也是其他企业设备所不及的。这样，自主设计的 1250 毫米冷轧机组投产后，在国内同行业引起了巨大反响。在技术创新的引领下，鸽瑞公司的产品竞争力强劲，产品种类更加丰富，产量也日益攀升，企业发展呈现一派欣欣向荣的局面。

（3）第二次转型升级路径分析（2012 年至今）。

鸽瑞公司的产品用户有一部分是金属包装行业的，据客户反映，许多年来，我国的食品包装产品不能达到欧美国家的食品包装标准，严重地影响了我国食品的出口，国内很少且河南省目前尚无本地区企业能够生产合格的金属食品级包装材料。显然，开发高质量的覆膜产品市场前景广阔。

覆膜产品是一种钢铁深加工产品，是在冷轧薄钢板正反两面覆盖多层聚脂复合薄膜，可以兼具塑料薄膜和金属板材双重特性的特种材质，在金属包装行业、家电行业、钢制门及装饰行业有广泛的应用前景，但市场紧缺，目前主要靠进口。为此，国家发展改革委于 2011 年 3 月 27 日颁布的《产业结构调整指导目录》（中华人民共和国国家发展和改革委员会令第 9 号）指出，鼓励发展“二色及二色以上金属板印刷机及配套光固化（UV）设备；高速食品饮料罐制造生产线及配套设备；高速金属薄板覆膜设备及覆膜铁食品饮料罐加工设备”。在中国包装工业“十二五”发展专项规划中，对今后发展提出如下重点要求：①技术更新模式由引进消化型为主，向引进消化与自主创新并重转变。②加强优良包装基材和先进包装机械设备的研究，开发具有知识产权的核心技术。③包装材料向低能耗、防污染、多功能方向发展，重点开发高阻隔、耐高温、高强度、缓冲性能强、降解性能好的包装材料。④包装设备向机电一体化、智能化和自动化方向发展。⑤要在产业发展急需的杀菌抑菌技术、气调保鲜技术、活性包装技术、膜分离技术、抗菌包装技术、高阻隔膜共挤技术等方面实现突破。⑥金属包装行业要着力研究开发适合我国国情的金属拉伸罐、环保涂料及环保涂装工艺。

在国家政策鼓励、地方产业发展要求、客户有需求的情况下，2012 年初，鸽瑞公司在原有产品领域之外，决定延伸产业链，准备将覆膜产品的开发作为企业新的利润增长点。于是，鸽瑞公司开始进行第二次转型升级。这次转型升级，鸽瑞公司采用的路径依然是技术创新引领型路径。

2012 年 2 月，鸽瑞公司到日本进行考察，当时欲进口一套日本的食品级钢带覆膜生产线。经过与日本反复协商，一套生产线需要人民币 4600 多万元。鸽瑞公司同时考察了国内钢带覆膜产品市场，了解到国内产品出口限制的原因是我国钢带覆膜生产工艺与国外的生产工艺不同，国内钢带覆膜工艺采用胶粘接工艺，国外为热熔工艺。胶粘接工艺容易产生双酚 A 物质，对包装食品有污染。

根据这一情况，2013 年 2 月，鸽瑞公司结合国外生产工艺，设计制作了一套热熔钢带覆膜生产线，又花费人民币 600 万元购进了一套设备，采用先进的高温高压下的挤压覆膜及急冷重结晶等生产工艺，有机膜覆合的牢度高，产品能够达到欧美国家和日本产品的同类标准，并能生产多种用途的、完全绿色环保的钢带覆膜产品，生产能力比日本的设备强近 1 倍，一旦投产，年产量可达 3 万吨，将减少国内对该产品的进口依赖。

2013 年 5 月，鸽瑞公司自主设计的钢带覆膜生产线投入试运营，从试制出来的产品看，完全达到了预期效果。试生产的覆膜产品通过了 SGS（瑞士检验机构）检验认证，食品安全达到了美国 FDA 标准、防火性能达到建筑标准 A~B 级、抗老化标准在 15 年以上、耐腐蚀标准优于 A 级彩涂板，其用途远远超出了预期的要求，可广泛用于印铁制罐、橱柜及办公桌制造、内外墙装饰、家电外壳等各个领域。

然而，2014 年之后，鸽瑞公司由于融资出现问题，资金链逐渐断裂，发展陷入困境，2015 年开始停产整顿，时至今日，仍然前途不明。

4.7 本章小结与管理启示

4.7.1 本章小结

确立合适的转型升级路径是企业实现转型升级的前提。本章通过分析技术创新和价值创新作用于企业转型升级的基本机制、技术创新与价值创新的耦合关系以及基于技术创新和价值创新耦合关系的企业转型升级的不同路径，可以得出以下结论。

（1）技术创新与价值创新通过不同的机制作用于企业转型升级过程。技术创新影响企业转型升级的基本机制是技术的变化或技术含量的提升。从顾客价值变化与否的视角分析，技术创新对企业转型升级的作用机制具体表现为顾客价值相关升级、顾客价值无关升级两种。价值创新影响企业转型升级的基本机制是顾客价值的变化。从技术变化与否的视角分析，价值创新对企业转型升级的作用机制具体表现为技术变化相关升级、技术变化无关升级两种。

（2）技术创新与价值创新之间存在三种非直接耦合关系、三种直接耦合关系。这些耦合关系表明技术创新和价值创新既可以独立存在，也可以交互影响、相互依存。二者耦合关系的具体情形如何，取决于企业对二者的调用和配置。

（3）技术创新和价值创新的不同耦合关系分别决定了企业转型升级的不同路径。根据技术创新与价值创新的耦合关系，企业的转型升级路径可以分为六种基本类型：技术创新独占型、价值创新独占型、技术创新与价值创新并列型、技术创新引领型、价值创新引领型、技术创新与价值创新并进型。其中，按照企业对技术创新和价值创新考虑的优先次序，技术创新和价值创新并进型路径又可以细分为两种路径类型：技术创新牵引、价值创新配合与放大型，价值创新牵引、技术创新配合与放大型。不同升级路径具有不同的内涵、关注焦点、适用条件、升级机制、对企业的能力要求，不同路径所带来的升级效果也会因“适用条件”变化，或因相关的“能力要求”无法达到而失去其持久性。

（4）不同转型升级路径在适用的企业属性方面有一定差异。转型升级路径与企业属性的关联性分析显示，不同属性的企业有其适用的转型升级路径，也有其最合适的转型升级路径。

（5）不同的转型升级路径可以相互转化，但不同属性的企业选用的主要转型升级路径是有差别的。三全食品的案例研究显示，企业在不同时期，面临不同的外部环境与内部条件，具有不同的竞争压力，为了满足不同阶段的发展需要，企业选择了不完全一样的路径进行转型升级。这说明，不同的转型升级路径可能适用于企业发展的不同阶段，不同路径之间是可以相互转化的。同时，三全食品主要作为技术应用型企业，虽然也曾采用技术创新引领型路径促进企业进行第一次转型升级，但之后的发展主要应用价值创新牵引、技术创新配合与放大型路径进行转型升级。相比之下，鸽瑞公司早在 2002 年就提出了“科技创新、专业发展、精益求精、志存高远、品质赢天下”的企业发展理念，将企业定位为技术驱动型企业，一直坚持采用技术创新引领型路径进行转型升级。

（6）企业在不同时期可以采用相同的升级路径。对三全食品的案例分析显示，企业第一次转型升级采用的路径不同于第二次、第三次转型升级采用的路径，但后面两次采用的转型升级路径是相同的；对鸽瑞公司的案例分析显示，其两次转型升级的路径是一样的。这两个案例都说明根据转型升级需要，企业可以在不同时期采用相同的升级路径，分别服务于企业不同时期的升级要求。然而，应当注意的是，三全食品及鸽瑞公司的案例亦表明，路径虽然可能相同，但与路径相伴随的具体措施已经发生了变化。

（7）路径合适并不意味着企业转型升级的必然成功。鸽瑞公司的发展历程表明，自 2003 年以来，该企业一直坚持技术创新引领型的转型升级路径，转型效果显著，企业取得了快速发展，这说明企业选择的转型升级路径没有错。但就是这样一家技术先进、产品畅销、正在蓬勃发展的企业，2014 年之后由于资金链断裂，发展陷入困境，至今前途不明。这说明，企业的发展壮大不仅需要选择合适的转型升级路径，还需要路径之外的一些支撑条件，比如强大的融资能力。

4.7.2 管理启示

以上研究结果不仅为企业转型升级研究开辟了新的研究视角，为企业确立转型升级路径提供了新颖的分析指引，而且对企业转型升级路径的管理而言有如下启示。

第一，企业管理者要从技术创新与价值创新的耦合关系出发思考企业的转型升级路径。企业转型升级路径的确立需要考量诸多因素的影响，如行业周期、资源能力、资本运营、竞争状况等，但价值创新和技术创新是企业转型升级的基础性推动力量，因为如果脱离了顾客价值提升或内部成本效率改善的支撑，企业发展犹如空中楼阁，难以实现升级目标。

第二，为了转型升级成功，企业需要对技术创新和价值创新进行合理配置。研究显示，对技术创新和价值创新的配置状态不同，企业转型升级的路径也不同。在不同的路径下，企业关注的焦点、升级的机制、升级带来优势的持续时间、适用条件及所需要的能力基础是不同的。这需要企业根据自身的能力与发展状况审慎处理技术创新和价值创新的关系，明确可能存在的转型升级路径类型，并根据自身能力与发展状况，选择合适的转型升级路径。比如，三全食品自成立以来，能够根据技术创新与价值创新之间的耦合关系，结合不同发展时期的内外环境变化，选择合适的转型升级路径，顺利实现了转型升级，获得了快速发展，也为传统制造企业的转型升级提供了典范。但企业发展有起点，没有终点。面对竞争对手不断推陈出新、消费行为不断升级，三全食品如何能结合企业特点，利用技术创新、价值创新的不同耦合模式继续保持在速冻食品行业的领导地位，是其在未来发展中一直要思考的问题。

第三，为了选择合适的转型升级路径，企业需要对技术创新和价值创新的作用、二者的关系、企业自身的属性有全面的认识。通过对不同转型升级路径的特点及其与企业属性的关联性分析可以发现，不同路径的选择既与客观存在的现实状况（如企业当前对顾客价值的满足情况、管理者对技术创新和价值创新的认识）有关，也与企业自身的属性有关。这意味着，企业需要在全面认识技术创新和价值创新之间关系的基础上，结合企业的实际发展需要以及对企业自身属性的定位，理性选择出合适的转型升级路径。

第四，多元化经营企业可以根据转型升级需要同时采用多条不同的升级路径。无论是技术创新还是价值创新，都是针对特定的产品、工艺或顾客来说的，所以对于采用多元化经营模式的企业来说，无论是相关多元化，还是非相关多元化，如果不同产品线、不同产业线的发展情况不同，对技术创新和价值创新的需求就会出现差异，企业应当针对不同的产品线选择不同的转型升级路径。

第五，企业的转型升级是一个循环往复的过程，企业并不能靠一次的转型升级一劳永逸。技术创新、价值创新都是相对于竞争对手而言的，随着竞争力量的变化，原有技术创新、价值创新的价值就慢慢消退，所以说，技术创新和价值创新都是具有时效性的，企业很难靠某一次的转型升级成功实现永续发展。案例分析表明，即使是天生的 OBM 企业，随着企业内外情况的不断变化，依然需要通过适时地、不断地转型升级保持市场竞争力。所以，企业发展永无止境，转型升级永远在路上。

第六，转型升级的顺利进行，路径选择很关键，但并不是唯一。鸽瑞公司转型升级的过程说明，如何在路径选对的基础之上，把握好影响路径实现的融资节奏，也是转型升级过程中需要考虑的问题。

5

企业转型升级的路径选择：高层管理者认知视角

企业转型升级的关键在于选择合适的升级路径（刘锦英、徐海伟，2022）。然而，通过文献回顾发现，以往的研究主要是基于动态能力理论、价值链理论、技术创新理论、商业模式理论等分析企业转型升级可能采用的路径以及这些路径本身的特点，对于路径选择背后的支配机制，还缺乏应有的探讨。

转型、路径选择意味着决策，决策的主体为企业的高层管理者。高层梯队理论提出，如果我们想理解组织为什么要做他们所做的事情，或者他们为什么会这么做，我们必须考虑到他们最强大的行动者——高层管理者——的偏见和倾向。该理论认为，组织的成果，包括战略选择和绩效水平，都可以被看作高层管理者价值观和认知的反映（Hambrick 、Mason，1984）。Nadkarni、Barr（2008）等也认为高层管理者认知是企业决策以及管理行为的基础，是保证企业决策行之有效的重要因素。实证上，已有很多研究探讨了高层管理者认知对战略转型或变革、能力构建、组织演化、企业绩效等方面的影响。总体而言，以往研究尽管注意到了高层管理者认知对决策及其相关结果的影响，但忽略了对转型升级路径选择的微观认知机理研究。因此，研究高层管理者认知与企业转型升级路径选择之间的关系，揭示不同企业转型升级路径选择出现差异的根源，对于全面理解转型升级的起源、路径选择的过程机理，进而促进企业转型升级具有重要价值。

基于以上分析，本章尝试从高层管理者认知出发，探寻导致企业转型升级路径选择出现差异的根源，在理论分析的基础上，以三全食品与鸽瑞公司的转型升级实践为例，检验高层管理者认知对企业转型升级路径选择的影响。首先是研究基础，主要界定企业转型升级路径类型，阐释高层管理者认知、环境与决策行为之间的关系；其次是理论分析与命题提出，主要对高层管理者认知与企业转型升级决策之间的关系进行理论分析并提出研究命题；之后是案例分析；最后阐述了主要研究结论、管理启示。

5.1 研究基础

5.1.1 企业转型升级的路径界定

对于企业转型升级的路径，第 2 章的文献回顾表明，不同研究者提出了不同的观点。比如，杨震宁等（2014）提出加工贸易企业应遵循“环境张力—动态能力—转型战略—升级效果”的动态转型升级路径。后发企业可以通过研发网络边界拓展（刘洋等，2013）、边缘赶超（罗珉、马柯航，2013；Liu 、Wei，2013）、制度转型与能力创新的共演（江诗松等，2012）等路径实现赶超。Amsden（1989）、Gereffi（1999）、汪建成等（2008）、杨桂菊（2010）等学者认为许多新兴经济体的企业升级应遵循 OEM-ODM-OBM 的发展路径。聂正安、钟素芳（2010）强调 OEM 内部也存在一个不同附加值的等级或梯度，企业可通过工艺和产品创新进入更高附加值的 OEM 深化或高级阶段。Humphrey、Schmitz（2002）认为企业升级包括过程升级、产品升级、功能升级以及跨产业升级四种类型。毛蕴诗、郑奇志（2012）总结了十条供企业选择的主要的升级路径。刘洋等（2013）、孔伟杰（2012）等强调制造企业需要依靠技术创新进行转型升级。Liu、Wei 等（2013）则认为制造企业可以凭借价值创新实现突围。还有学者提出，制造企业若想实现真正的创新追赶，需努力做到技术创新与价值创新兼顾，在某一阶段以一种因素为主导（曾萍等，2015）。当前的转型升级路径研究直接或间接与技术创新和价值创新两种理论有关，但尚缺乏基于二者结合的企业转型升级路径研究，于是，本章从技术创新和价值创新耦合视角，将企业转型升级的路径划分为七种类型：技术创新独占；价值创新独占；技术创新与价值创新并列；技术创新引领；价值创新引领；技术创新牵引、价值创新配合与放大；价值创新牵引、技术创新配合与放大。这一分类全面揭示了技术创新与价值创新的耦合状态对企业转型升级路径的影响，本章后面对企业转型升级路径选择的分析建立在这一路径划分的基础之上。

5.1.2 高层管理者认知、环境与决策行为的关系

Simon（1947）指出，企业决策的关键是高层管理者关注的信息。按照信息来源，高层管理者关注的信息基本来自企业外部与企业内部（张军、许庆瑞，2018）。来自企业外部与内部能够影响企业高层管理者判断与决策的各种因素构成了高层管理者认知的两个环境，即企业外部环境与企业内部环境（黄晓芬、彭正银，2018）。对于高层管理者认知、环境与决策行为之间的关系，大量研究都证实了以下两个观点。

（1）高层管理者认知具有较高的环境依赖性。认知是行动者进行决策时所用到的一组知识结构，这组知识结构的形成与行动者所处环境密切相关（邓少军、芮明杰，2013）。Huff（1982）认为高层管理者认知受高层管理者的社会文化环境的影响。邓少军、芮明杰（2013）发现，高层管理者的认知受企业所处外部环境中的市场、社会文化、制度等因素的影响。张钢、张灿泉（2010）认为，技术进步、政府管制、行业规则、社会舆论等方面的变化对高层管理者的认知影响比较大。Spender（1989）认为每个行业都有自己的“配方”，行业内大多数高层管理者会共有一套基本信念和假设。Bogner、Barr（2000）认为，通过理解和应对超竞争环境中的认知挑战过程，超竞争行业的高层管理者发展出的认知表征与那些在更稳定环境中运营的高层管理者持有的认知表征具有显著差异。实证证据表明，管理观念在行业背景下会有所不同，行业环境会影响高层管理者认知的各个方面（Nadkarni 、Barr，2008）。在高速发展的行业，高层管理者对竞争对手、供应商和客户等与企业有直接交易的环境因素发生的变化反应更快，而在低速发展的行业，高层管理者对社会、人口、经济和政治等宏观环境因素发生的变化反应更快。同样地，Johnson（1987）认为每个组织都有自己的一套信念和假设或范式；Bowman（1991）发现，高层管理者所在的管理职能领域似乎会影响其信仰结构。封凯栋、沈群红（2013）的研究发现，大型国有制造企业的高层管理者比较强调经济规模的扩张，而民营企业的高层管理者更加关注技术创新与新产品的开发。还有研究发现，企业内部的资源、能力、正式的规则、信念、价值观、过去的业绩与历史传统、商业模式、企业的沟通和程序渠道，如行动备忘录、人员评估、预算

和资本拨款请求等都会影响高层管理者的认知（Nadkarni 、Barr，2008；Tikkanen 等，2005）。由于内外部的环境因素通常是随时间而发展变化的（March 、Simon，1963），高层管理者的认知会受组织内外部发生的潜在刺激因素的影响，所以，高层管理者的认知总是不断升级的（Hambrick 、Mason，1984），会不断产生变革以响应环境变迁（Tikkanen 、Lamberg，2005）。

（2）高层管理者对环境认知的有限性与差异性影响其决策行为。传统的经济学理论偏爱理性经理人观点，认为经理人拥有相同的知识并以相同的方式进行推理，以至于认知系统的差异可以忽略不计（Swan，1995）。然而，已经有大量的文献质疑这种高层管理者客观又理性、认知系统无限又一致的假设（Daniels 等，1994）。Hambrick、Mason（1984）提出，一个高层管理者甚至整个管理团队不能扫描组织及其环境的每个方面。所以，高层管理者的视野是有限的，这严重限制了高层管理者最终的感知能力。而且，由于高层管理者只选择性地感知那些进入其视野的现象，就进一步限制了高层管理者的感知。最后，选择用于加工的信息还要通过由高层管理者的认知和价值观编织而成的过滤网进行解释（Hambrick 、Mason，1984）。Isenberg（1988）调查了组织环境下的高层管理者的决策，发现他们很少是理性的。相反，高层管理者经常忽视严格的分析规划，尤其当面对新颖或极端复杂的问题时，更多使用直觉的、启发式的过程来做决策。决策者在有限的理性范围内行动，选择可用数据的子集构建他们自己简化的认知地图和模式，以便他们能用这些来解释复杂问题（Swan，1995）。Eden（1989）提到了一种战略选择开发与分析的方法（SODA），该方法认为，行动产生于人们对情境（Situations）意义的解释，相同的情境能由不同的人进行不同的解释。Reger、Huff（1993）在对芝加哥银行业的一项研究中得出结论，一个行业的高层管理者尽管广泛共享竞争的认知类别，然而，他们之间对竞争的认知存在足够大的差异。同样，Gripsrud、Gronhaug（1985）收集的数据表明，即使是在地理位置有限的市场中，也很少有关于竞争的共识。Daniels 等（1994）对认知同质性在战略决策和实施中的作用提出了质疑，他们的研究发现认知同质性并不存在，而是具有跨行业、跨公司、跨职能的多样性。他们认为，由于心理模型至少在一定程度上是由经验决定的（Schoenfeld 、Herman，1982），而且由于个人的性格、种族、教育背景、年龄等也决定了个体的经验与其他个体的经验并不相同，也影响了每个个体被别人感知与对待的方式（Swan，1995），因此也可以说，个体的竞争心理模型之间应该存在一定的差异。的确，一些关于管理人员对经营问题的心理模型的研究表明，管理人员的心理模型存在个体差异（Day 、Lord，1992），以至于面对非连续性变化的外部环境，高层管理者可能将之视为机会，也可能将之视为威胁（Gilbert，2006）。

上述分析显示，高层管理者的认知具有很强的环境依赖性，受到企业内外部环境的强烈影响，但高层管理者对环境的认知具有有限性与差异性，这种有限性与差异性会影响高层管理者的决策水平。高层管理者认知、环境与决策行为三者之间的关系如图 5-1 所示。由于本书的主线不是探讨高层管理者认知的影响因素，而是分析高层管理者认知对企业转型升级路径选择的影响，而决策的信息来源是企业的内外部环境，所以，下文着重分析高层管理者对环境的认知对转型升级决策的影响。

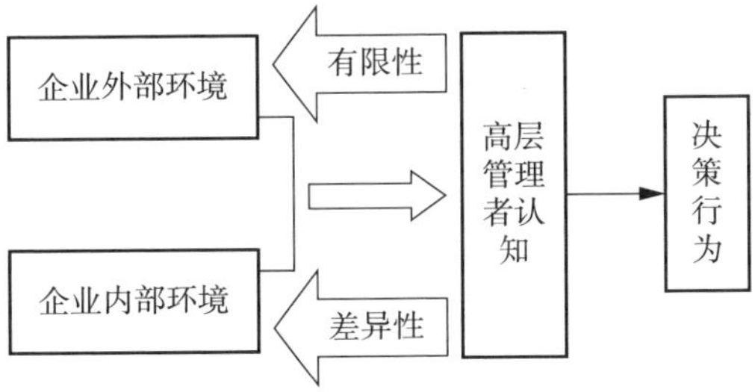

图 5-1　高层管理者认知、环境与决策行为的关系

5.2　理论分析与命题提出

5.2.1　基于企业转型升级路径选择决策的高层管理者认知类型

企业转型升级是指企业发展遇到“瓶颈”或为了谋求更好的发展时，通过寻求新的发展路径而改善企业的获利增长能力或持续发展能力、实现企业竞争能力提升的过程（刘锦英、徐海伟，2022）。可以推断，为了实现转型升级，企业高层管理者必须认识到企业需要改变，并认为企业有能

力改变，才会选择相应的转型升级路径谋求转型升级。这意味着，企业转型升级的路径选择实质上是一个“从何改变”的问题，但这一问题提出的前提是高层管理者认识到企业“需要改变”并“有能力改变”，即已经做出转型升级决策。据此，企业转型升级的路径选择决策可以细分为两个阶段：第一阶段是做出转型升级决策，第二阶段是选择转型升级路径。这两个阶段的决策涉及高层管理者的三种认知：洞察性认知、重塑性认知及匹配性认知。其中，洞察性认知是指高层管理者对内外情境因素引发的变革要求的认识，即认识到企业“需要改变”。重塑性认知是指高层管理者对企业内外资源的整合、能力的重塑和再构可能性的认识，即认识到企业“有能力改变”。洞察性认知、重塑性认知状况决定了企业能否做出转型升级决策。匹配性认知是指高层管理者对解决企业问题需要采用的路径的认识，即选择企业“从何改变”。因此，在企业转型升级背景下，高层管理者认知、环境与转型升级路径选择决策行为关系的具体表现如图该图中的两个“差异性”箭头内，都需要再添加上”有限性“三个字所示。

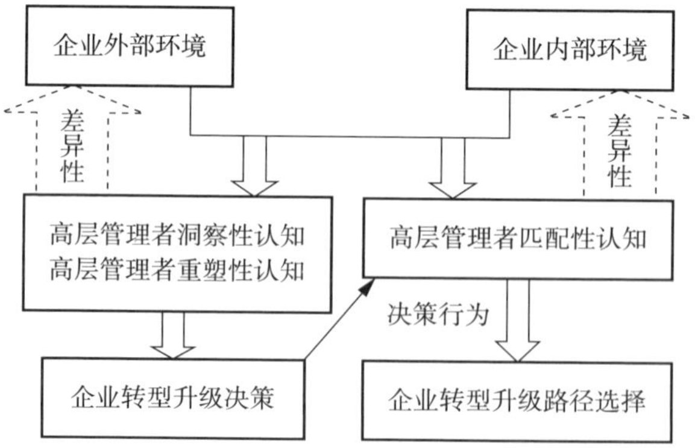

图 5-2　高层管理者认知、环境与企业转型升级路径选择决策

根据图 5-2，在详细分析高层管理者认知与转型升级路径选择关系之前，需要先全面剖析高层管理者认知与企业转型升级决策之间的关系。

5.2.2　高层管理者认知与企业转型升级决策

转型升级决策涉及企业资源能力的重新配置、组织结构的转变、多重的以及冲突性目标的协调甚至经营目标的重新定位，而且一旦转型失败，企业可能面临破产倒闭的风险，但若不及时进行转型，就会错失发展良机甚至导致企业无法持续经营，所以，转型升级决策是复杂的。March、Simon（1958）认为，复杂决策很大程度上是决策者行为因素的结果，而且每一个决策者都会将其一套既定的认知基础带入管理情境。这些认知反映了高层管理者的价值观，高层管理者会根据其偏好确定行事的原则或替代方案。这些认知会受组织内部与外部发生的潜在刺激因素的影响，但高层管理者面临的情况是复杂的，由远超出他们所能理解的现象组成。这需要高层管理者以其认知基础和价值观为过滤器，在情境和他们对情境的感知之间建立一个屏障（Hambrick 、Mason，1984）。前文的分析表明，影响高层管理者认知的信息来源于企业所处的环境，来自外部环境的因素有很多，比如政策上的变化、环境保护法的出台、税收的优惠、市场需求的变化、技术的更新、新的获利机会的出现、竞争对手的行动等；来自内部情境的因素也有很多，比如企业自身的资源状况、历史传统、技术能力、价值观、过去的业绩与商业模式等。但是，高层管理者对环境的认知是有限的，也是具有差异的。战略变革文献曾指出，组织行为基于高层管理者的环境观（李旭文、齐中英，2019），高层管理者会根据自身对环境的认知而对企业的发展动向进行判断，高层管理者对其环境了解的结构和内容会影响其做出的决策和执行的行为（Anderson，1991）。这说明企业是否决定进行转型升级，很大程度上是高层管理者对内外环境因素进行认知的结果。在此过程中，高层管理者的洞察性认知和重塑性认知将发挥重要作用。

（1）高层管理者对内外情境的洞察性认知影响企业转型升级的决策。洞察性认知反映了高层管理者对于外部情境中的机会与威胁、内部情境中存在的问题及资源能力优势的感知与看法，影响企业对未来发展方向的判断。企业转型升级的驱动因素大致归结为两类：利益诱导、生存压力（刘锦英、聂鸣，2006）。这两类因素可能来自企业外部环境中的机会与威胁，也可能来自企业内部存在的问题与资源优势。已有研究表明，由于认知的局限性，面对内外环境中的大量信息轰炸，高层管理者会选择性地注意一些领域而忽略其他领域（Nadkarni 、Barr，2008），而且，由于心理模型存在个体差异（Day 、Lord，1992），以至于面对同样的环境，高层管理者可能将之视为机会，也可能将之视为威胁（Gilbert，2006）。这说明，只有当高层管理者感知到内外环境中的压力和利益诱惑对企业的影响，并对其影响进行解释与意义建构，对转型升级的价值进行战略预期，然后才会决定企业是否进行转型升级来适应环境（D'Aunno 等，2000）。这需要高层管理者对环境的变化具有敏锐的洞察力，能够及时感知内外环境的变化。如果高层管理者不能洞察消费者需求的变化、技术的更新、竞争环境的变迁、企业内部存在的问题等给企业发展带来的新的要求，就难以及时做出转型升级的决策。而且，只有当高层管理者认为内外情境中提供的机会越多或者企业面临的生存威胁越大，越有可能构建转型升级的意义、做出转型升级的决策并在企业中传播（李旭文、齐中英，2019）。所以说，高层管理者能够洞察到内外情境因素的变革要求并进行适当解释是企业转型升级决策行动发起的重要前提。

（2）高层管理者对企业资源能力的重塑性认知直接决定了转型升级决策时机的选择。重塑性认知反映了高层管理者对现有资源与能力突破需要以及对新型资源与能力获取、整合以及重构需要的感知与看法，影响到企业对资源与能力利用潜力的认识。资源基础观认为资源和能力是企业竞争优势的来源（Barney，1991）。Teece 等（1997）进一步提出，企业所能做的也取决于企业所能集结的资源。但企业能集结多少资源，与管理者认知密切相关。正如管理认知文献和社会心理研究表明的，高层管理者由于思维模式的不同，在面临复杂决策的时候，通常会选择性地对信息加以解释并根据自己对所面临情况的个性化解释做出选择（Hambrick 、Mason，1984）。这表明认知会阻碍高层管理者对企业资源能力的全面理解。或者说，企业资源能力的大小及有用性受高层管理者认知因素的约束（Danneels，2010）。据此推断，企业转型升级决策的做出与否不是取决于企业现有的资源能力状况，而是取决于高层管理者对资源能力的重塑性认知。这是因为，企业转型升级通常意味着需要新的资源与能力的支持。一方面，如果资源能力基础较好的企业的高层管理者固守资源与路径依赖的观点，一味依赖现有的资源能力而没有对新型资源能力获取与重构的信心，就难以及时做出转型升级的决策，导致企业错失发展良机。另一方面，即使现实的资源能力基础并不强大，但如果高层管理者能认识到现实的资源能力状况并非之后发展的唯一依赖，企业可以通过内外资源的整合、能力的重塑和再构、价值链的转换等方式为转型升级提供保障，将有效提升转型升级的决策速度。因此，高层管理者对企业资源能力的重塑性认知状况，对企业转型升级决策的做出至关重要。

根据以上分析可以看出，内外环境刺激因素对企业转型升级决策的影响是通过高层管理者的认知实现的，高层管理者对环境的认知是整个转型升级过程的逻辑起点，而且，高层管理者的洞察性认知和重塑性认知状况共同决定了企业是否会做出转型升级决策。于是，本书提出以下命题。

命题1：企业是否会做出转型升级决策取决于高层管理者的洞察性认知和重塑性认知状况。

5.2.3　高层管理者认知与企业转型升级路径选择

在企业发展过程中，需要高层管理者将企业内外部的信息整合在一起，并从整体上对信息进行解读（Hambrick 、Mason，1984；Nadkarni 、Barr，2008）。然而，由于受认知局限性与认知偏好的影响，面对大量的信息轰炸，高层管理者通常将注意力集中在他们认为最相关的领域而选择性地忽略其他领域（Fiol 、O'Connor，2003），并对他们注意到的领域进行主观表征，也正是这些主观表征，而非客观环境，直接影响着企业的战略优先权和决策制定（Nadkarni 、Barr，2008）。与此类似，高层理论的基本逻辑是，高层管理者会根据其认知偏好确定行事原则或替代方案（Hambrick、Mason，1984），或根据自己对所面临情况的个性化解释做出选择（Hambrick，2007）。在此过程中，高层管理者的匹配性认知状况将发挥重要作用。

匹配性认知反映了高层管理者对技术创新和价值创新应对企业转型升级问题的看法，影响到企业对技术创新和价值创新二者关系的配置与转型升级路径的确定，也决定了技术创新或价值创新的具体方式。如果从技术创新和价值创新的视角解析企业的转型升级路径，可以推断，企业的内外部环境变化对企业的技术创新、价值创新提出了要求，但高层管理者对这些要求的理解是通过认知模式的“过滤器”来进行的。在这些理解的基础上，高层管理者会对技术创新和价值创新如何满足这些要求进行解释，并结合企业的实际情况对技术创新和价值创新进行配置。显然，如何解释和配置同样取决于高层管理者的匹配性认知。所以，可以认为高层管理者的匹配性认知是企业转型升级路径选择的指挥棒。而且，由于高层管理者认知的差异性，决定了即使在相同的信息基础上，也会出现不同的路径选择结果。

根据刘锦英（2018）对技术创新和价值创新之间关系的分析，结合以此为基础进行的转型升级路径的划分（刘锦英、徐海伟，2022），可以将高层管理者的匹配性认知状况与选择路径之间的关系具体描述如下：①如果高层管理者认为企业转型升级的关键在于提升企业内部的运营效率，或者仅为应对节能减排的需要或压力，而且顾客价值不需要提升，则企业会选择技术创新独占型的转型升级路径。②如果高层管理者认为企业转型升级的关键在于提升顾客价值，而且顾客价值的提升不需要或暂时不需要技术变化的支持，则会选择价值创新独占型的转型升级路径。③如果高层管理者认为企业转型升级的关键既需要技术创新又需要价值创新，但技术创新仅需满足企业内部需要，价值创新又不需得到技术上的支持，则会选择技术创新与价值创新并列型的转型升级路径。④如果高层管理者认为企业转型升级的关键在于自身技术上的改进或突破，而且企业的技术创新除了可以提升顾客价值，还需要满足内部运营效率改进的需要或节能减排方面的需要，而价值创新仅仅是技术创新的附带成果，除此之外，企业并不需要非技术方式的价值创新，则会选择技术创新引领型的转型升级路径。⑤如果高层管理者认为企业转型升级的关键在于价值创新，而且需要进行一些技术创新以响应顾客价值提升需要，但企业不需要与顾客价值无关的技术创新，则会选择价值创新引领型的转型升级路径。⑥如果高层管理者认为技术创新和价值创新对企业的转型升级都很重要，但优先强调技术水平改进或突破对企业现在及未来内部运营效率改进及顾客价值提升的主导与牵引作用，认为非技术方式的价值创新可以对技术创新价值起到放大作用，则企业会选择技术创新牵引、价值创新配合与放大的转型升级路径。⑦如果高层管理者认为技术创新和价值创新对企业的转型升级都很重要，但优先强调价值创新对企业现在及未来发展的牵引作用，认为技术创新只需满足当前客户的需要及当前企业内部运营效率改善的要求，则企业会选择价值创新牵引、技术创新配合与放大的转型升级路径。

以上分析说明，内外环境变化对企业的技术创新、价值创新提出了客观要求，但即使面临同样的内外部环境，由于高层管理者的价值观和思维习惯不同，可能会选择不同的转型升级路径。具体来说，高层管理者对技术创新、价值创新解决转型升级问题的匹配性认知状况决定了企业选择的转型升级路径。于是，本书提出以下命题。

命题 2：企业采用什么样的转型升级路径取决于高层管理者对技术创新和价值创新解决企业转型升级问题的匹配性认知。

5.3　案例分析 1：三全食品

第 4 章关于三全食品的案例资料显示，三全食品的整个发展历程包括四个阶段，如表 5-1 所示。

表 5-1　三全食品发展阶段划分

企业发展阶段	时间起止
企业初创	1987　1992 年
第一次转型升级	1993—2001 年
第二次转型升级	2002—2009 年
第三次转型升级	2010 年至今

资料来源：笔者整理。

5.3.1　高层管理者的洞察性认知及重塑性认知与转型升级决策

（1）第一次转型升级（1993—2001 年）。

在这一阶段，三全食品高层管理者的洞察性认知包括对企业内部及外部环境的认知两个方面。其中，对企业内部环境的洞察性认知表现为：企业的产品靠手工包制，产能有限，产品质量不稳定；工人在生产车间的大量聚集不仅增加了食品安全风险，还增加了管理难度；速冻产品市场空间大，需要扩大产能，但随着产能的扩大，速冻环节的效率不高，成为产能扩张的新“瓶颈”，这严重制约了企业的发展。对企业外部环境的洞察性认知表现为：随着我国工业化进程的加速，江浙沿海地区用工大量增加，河南本地企业的用工也开始出现困难，用工成本大幅增加。单纯依靠增加劳动力扩张产能的方法遭遇用工成本上升的挑战。基于上述对内外部环境的洞察性认知，三全食品的高层管理者认为，为了解决上述问题，需要对生产工艺和设备进行升级改造。

三全食品高层管理者的重塑性认知表现为：1993 年之前，三全食品仅拥有食品的速冻技术，缺少机械化设备制造技术及制造大型速冻设备的技术储备。在外部市场上，长期以来，在我国，水饺、汤圆普遍采用手工制作方式，并没有现成的工业化生产设备及大型速冻设备供应；由于外国人不吃水饺和汤圆，国外的食品机械企业也没有大规模生产及速冻设备出售，这造成了三全食品所需的设备在国内外都无法买到的局面。但是，为了打破手工生产、小规模速冻的生产格局，公司高层管理者认为可以突破已有的能力限制，构筑新的技术创新能力。

在以上高层管理者洞察性认知与重塑性认知的共同作用下，三全食品决定于 1993 年开始第一次转型升级。

（2）第二次转型升级（2002—2009 年）。

在这一阶段，三全食品高层管理者的洞察性认知，包括对企业内部及外部环境的认知两个方面。其中，对企业内部环境的洞察性认知表现为：品牌形象不足，产品种类与独特性不足；集团管理效率低；土造冷库储存能力有限，管理效率低，作业效率低；占用劳动力多，劳动强度大，易造成职业病。对企业外部环境的洞察性认知表现为：由于速冻产品广受市场欢迎，1995 年前后，大量仿制三全食品的企业出现了。在这种情况下，三全食品的高层管理者感受到了国内市场的竞争压力。与此同时，三全食品的高层管理者发现，相对于国内日趋激烈的竞争市场，国外市场空间巨大，有待开拓。三全食品的高层管理者基于对内外部环境的洞察性认知，认为为了解决上述问题，企业需要再次转型升级。

高层管理者的重塑性认知表现为：为了改变集团管理效率低的现状，需要加强信息化管理，但企业缺少信息化管理相关的技术与能力；为了改变土造冷库存在的问题，需要将现有冷冻改造为自动化冷库，但企业缺少自动化立体冷库的技术储备；对于国外市场的开拓，三全食品并无相应的经验可供借鉴；面对企业品牌形象不足、产品种类与独特性不足等问题，需要实施一些创新性的举措。三全食品的高层管理者并没有因为这些困难的存在放弃转型升级的计划，而是准备迎难而上，重构新的技术，提升企业的竞争能力。

在上述高层管理者洞察性认知与重塑性认知的共同作用下，三全食品决定于 2002 年开始第二次转型升级。

（3）第三次转型升级（2010 年至今）。

在这一阶段，三全食品高层管理者的洞察性认知，仍然可以从对企业内部及外部环境的认知两个方面进行分析。其中，对企业内部环境的认知表现为：速冻食品行业经过激烈竞争的优胜劣汰，至 2010 年左右，基本形成了寡头竞争格局，行业前四家企业已经占有了 50%的市场份额，而且，前四家企业各个实力强劲。三全食品的高层管理者敏锐感知到了来自强大的竞争对手的挑战。对企业内部环境的认知表现为：企业生产的高端产品不足，无法满足消费品质升级的需要。此外，三全食品的高层管理者还发现，企业的供应链管理能力有待加强、成本费用水平有待进一步降低、运营效率也有待进一步提升。基于对以上内部及外部环境的洞察性认知，三全食品的高层管理者认为企业需要第三次进行转型升级。

在这一阶段，高层管理者的重塑性认知表现为：为了在寡头竞争中保持优势，应对消费品质升级的挑战，加强供应链管理能力，降低成本费用水平，进一步提升运营效率，三全食品高层管理者认为三全不能止步不前，而是应当重新定位企业的发展目标，构筑新的价值创新及技术创新能力。

在上述高层管理者洞察性认知与重塑性认知的共同作用下，三全食品决定于 2010 年开始第三次转型升级。

根据以上分析可以看出，三全食品每次转型升级决策的做出，既离不开高层管理者的洞察性认知，也离不开高层管理者的重塑性认知。于是，命题 1 得到验证。

5.3.2 高层管理者的匹配性认知与转型升级路径选择

（1）第一次转型升级时，三全食品的高层管理者认为转型升级的关键是通过技术创新，实现大规模生产及大规模速冻，提高生产及速冻效率，扩大产能，增强产品质量的稳定性与安全性，减少用工数量，降低用工成本，增加产品种类。在这种匹配性认知的作用下，三全食品选择的是技术创新引领型转型升级路径。升级措施包括：一是合作研制出汤圆水饺生产设备，极大提高了企业的生产效率；二是自制大型快速冷冻隧道，改变了小规模速冻的现状，打破了速冻环节的效率“瓶颈”，实现了速冻汤圆、饺子的大规模生产和销售；三是将其速冻技术应用在粽子上，研发了中国第一颗速冻粽子，并开发出了12个品种。

（2）第二次转型升级时，三全食品的高层管理者认为，为了提升品牌形象、进军国际市场，仅需要进行价值创新。在这种匹配性认知的作用下，三全食品采用了价值创新独占型转型升级路径。升级措施包括：一是开拓国际市场。二是大力进行品牌宣传，不断提升产品的品牌价值。

第二次转型升级时，三全食品的高层管理者认为，为了应对国内市场竞争压力，还需要不断开发新产品，丰富产品线，而新产品的开发仅有价值创新是不够的，还需要技术创新的支持。在这种匹配性认知的作用下，三全食品采用了价值创新牵引、技术创新配合与放大型的转型升级路径。升级措施主要是通过工艺创新，不断推出新产品，比如：2002年推出速冻面点；2004年不仅引进常温食品生产线，推出常温食品，还推出状元水饺；2007年推出东北风味状元水饺。

此外，第二次转型升级时，三全食品的高层管理者还认为，为了提升集团管理水平，改变土造冷库存在的问题，仅需要进行技术创新。在这种匹配性认知的作用下，三全食品采用了技术创新独占型的路径。升级措施一是引入信息化管理系统，二是寻找合作伙伴，合作开发自动化立体冷库（具体措施见第4章关于三全食品案例分析的相关内容）。

从以上分析可以看出，为了推动第二次转型升级，三全食品同时采用了三条转型升级路径：价值创新独占型路径，价值创新牵引、技术创新配合与放大型路径，技术创新独占型路径。

（3）第三次转型升级时，三全食品的高层管理者认为，为了在寡头竞争中保持优势，应对消费品质升级的挑战，企业需要重新定位发展目标，推出新的品类，增加高端产品比例，引领高端速冻食品的消费升级，且要加强食品质量与安全防护，而这些目标的达成需要进行价值创新，但这些价值创新的实现需要技术创新的支持。在这种匹配性认知的作用下，三全食品采用了价值创新牵引、技术创新配合与放大的转型升级路径。升级措施包括：一是将“做餐桌美食供应商的领导者”作为发展目标，不断推出新品及高端食品；二是以“消费者满意”为最终导向，开展各项质量管理工作，完善各环节的食品安全管控措施；三是推出客户关系管理系统、SAP Business Objects 系统、基于手机终端的移动销售管理系统等，为价值创新提供技术支撑。

同时，第三次转型升级时，三全食品的高层管理者认为，为了应对企业存在的供应链管理能力不足、成本费用水平偏高、运营效率有待提升等问题，需要加强技术创新。在这种匹配性认知的作用下，三全食品采用了技术创新独占型升级路径。升级措施包括：不断加强生产经营和财务管理、改善供应链管理、优化生产工艺、强化节能降耗、控制成本费用、提高运行效率；不断加快科技创新载体平台建设，承接科研课题，为未来发展奠定技术基础。

此外，第三次转型升级时，三全食品的高层管理者还认为，为了应对竞争对手的挑战，需要继续加强品牌建设、加快国际化步伐并开拓新的产品销售渠道，而这些问题可以通过价值创新予以解决。在这种匹配性认知的作用下，三全食品采用了价值创新独占型的升级路径。升级措施包括：加大广告宣传、加快海外市场的拓展、不断拓展线上业务、开发餐厅客户等（具体措施见第 4 章关于三全食品案例分析的相关内容）。

从以上分析可以看出，为了推动第三次转型升级，三全食品同时采用了三条转型升级路径：价值创新牵引、技术创新配合与放大型路径，价值创新独占型路径，技术创新独占型路径。

通过分析三全食品三次转型升级路径的选择过程可以发现，三全每次选择的转型升级路径都是由其高层管理者的匹配性认知决定的。于是，命题 2 得到证明。

5.4 案例分析 2：鸽瑞公司

第 4 章鸽瑞公司的案例资料显示，鸽瑞公司的整个发展历程包括三个阶段，如表 5-2 所示。

表 5-2 鸽瑞公司发展阶段划分

企业发展阶段	时间起止
企业初创	2000—2002 年
第一次转型升级	2003—2011 年
第二次转型升级	2012 年至今

资料来源：笔者整理。

5.4.1 高层管理者的洞察性认知及重塑性认知与转型升级决策

（1）第一次转型升级（2003—2011 年）。

在这一阶段，鸽瑞公司高层管理者的洞察性认知，包括对企业内部及外部环境的认知两个方面。其中，鸽瑞公司高层管理者对外部环境的洞察性认知表现为：企业成立之初，主要生产直径 16 毫米以下的热轧带肋钢筋，以及厚度 0.25 毫米以上、宽度 650 毫米以下的冷轧钢带。在经营过程中，鸽瑞公司高层管理者认识的外部市场环境发生重大变化。首先，从市场需求结构来看，鸽瑞公司的高层管理者发现国内普通大中小型材和线材、焊管、热轧窄钢带、镀锡板等低端产品已经趋于饱和，而冷轧钢带、冷轧薄板、镀锌板和涂镀层板、不锈钢薄板、冷轧硅钢片、小厚度的热轧薄板等高技术含量、高附加值的高端钢材品种供不应求，需大量进口。其中，冷轧钢带是用途广泛的钢材，可广泛应用于机械制造、五金制品、家电、轻工、包装等行业，并可作为镀层原板，而其价格又远低于冷轧薄板，所以受到大量企业的欢迎，市场需求大增。其次，随着经济发展，社会的环保意识提升，钢铁工业的环境污染问题开始引起了政府重视。最后，随着钢铁产业结构性供求矛盾的凸显，我国《冶金工业“十五”规划》中，把“总量控制、结构调整”确定为冶金工业发展的基本原则之一，鼓励发展高技术含量、高附加值的钢材品种，并在贴息贷款、进口设备免税、出口退税等方面给予市场短缺产品以政策扶持，旨在鼓励企业加快实施技术改造、淘汰落后产能、优化区域布局、完善服务体系、加快自主品牌建设、提高自主创新能力及企业竞争力。对照市场环境与政策的变化，鸽瑞公司高层管理者对内部环境的洞察性认知表现为：一是，热轧带肋钢筋市场饱和，企业生产的热轧带肋钢筋又缺乏市场竞争力，销售困难。而且，企业的热轧带肋钢筋产品在生产过程环保不达标，面临着工艺改进的压力。二是，企业生产的冷轧钢带虽然供不应求，但生产线数量少，生产效率低，产量有限，且产品型号单一，不能满足多样化的市场需求。基于对以上内部及外部环境的洞察性认知，鸽瑞公司的高层管理者认为企业需要进行转型升级。

这一阶段，高层管理者的重塑性认知表现为：企业成立伊始，虽然专门成立了专注于技术创新的技术部，汇集了一些技术骨干，但到 2002 年为止，企业仅有的两套冷轧机组都是从市场直接采购的，技术骨干只是负责冷轧机组的日常维护，并无研发冷轧机组的经验与技术储备。同时，国内生产的各类钢带冷轧机组均不能满足企业对产品生产精度和可靠性方面的要求，如果采用国外进口设备，制造周期长，投资造价高。面对这些困难，高层管理者并没有放弃转型升级计划，而是决定打造企业在精密钢带领域的自主创新能力。

在上述高层管理者洞察性认知与重塑性认知的共同作用下，鸽瑞公司决定于 2003 年开始第一次转型升级。

（2）第二次转型升级（2012 年至今）。

这一阶段，高层管理者的洞察性认知表现为：鸽瑞公司的产品用户有一部分是金属包装行业的，在与客户沟通过程中，鸽瑞公司的高层管理者了解到，许多年来，我国的食品包装产品不能达到欧美国家的标准，严重地影响了我国食品的出口。这种材料是一种钢铁深加工的覆膜产品，是在冷轧薄钢板正反两面覆盖多层聚脂复合薄膜，可以兼具塑料薄膜和金属板材双重特性的特种材质，在金属包装行业、家电行业、钢制门及装饰行业有广泛的应用前景，但国内市场紧缺，主要靠进口。在国家政策方面，鸽瑞公司的高层管理者获悉，国家发展改革委 2011 年 3 月 27 日颁布的《产业结构调整指导目录》（中华人民共和国国家发展和改革委员会令第9号）指出，鼓励发展“二色及二色以上金属板印刷机及配套光固化（UV）设备；高速食品饮料罐制造生产线及配套设备；高速金属薄板覆膜设备及覆膜铁食品饮料罐加工设备”。在中国包装工业“十二五”发展专项规划中，对今后发展也提出了重点方向。鸽瑞公司的高层管理者基于对国家政策、客户需求的洞察性认知，认识到开发高质量的覆膜产品市场前景将会非常广阔，于是决定进行第二次转型升级，准备进入高质量覆膜产品领域。

这一阶段，高层管理者的重塑性认知表现为，钢带覆膜产品在企业原有的经营领域之外，鸽瑞公司既无覆膜产品的生产制造设备，也无相关的生产制造经验，更谈不上相关的技术储备。但是，为了生产绿色环保、达到欧美食品安全要求的覆膜产品，首先需要建设高质量的钢带覆膜生产线，而国外的生产线价格昂贵，国内的钢带覆膜生产工艺容易产生双酚A物质，对包装食品有污染。在这种情况下，鸽瑞公司的高层管理者并没有知难而退，而是决定迎难而上，开始构筑覆膜设备的设计制造体系。

在上述高层管理者洞察性认知与重塑性认知的共同作用下，鸽瑞公司决定于2012年开始第二次转型升级。

根据以上分析可以看出，鸽瑞公司每次转型升级决策的做出，都是由高层管理者的洞察性认知和重塑性认知共同决定的。于是，命题1进一步得到验证。

5.4.2 高层管理者的匹配性认知与转型升级路径选择

第一次转型升级时，鸽瑞公司的高层管理者认为企业转型升级的关键是停止热轧带肋钢筋的生产，并通过技术创新，开发精度和可靠性均一流的钢带生产线，满足用户对超薄、超精冷轧钢带的需求。基于以上匹配性认知，鸽瑞公司第一次转型升级采用的是技术创新引领型转型升级路径。主要表现为：第一，自主设计650毫米冷轧钢带机组。第二，自主设计1250毫米冷轧机组。

第二次转型升级时，鸽瑞公司的高层管理者认为企业转型升级的关键是通过技术创新，设计制作钢带覆膜生产线，生产绿色环保、多种用途、能够达到欧美国家食品安全标准的覆膜产品。基于以上匹配性认知，鸽瑞公司采用的仍然是技术创新引领型的转型升级路径，主要表现为自主设计钢带覆膜生产线（具体情况见第4章关于鸽瑞公司的案例分析）。

通过以上分析可以发现，鸽瑞公司两次采用的转型升级路径都是由其高层管理者的匹配性认知决定的。于是，命题2进一步得到证明。

5.5 本章小结与管理启示

5.5.1 本章小结

选择合适的转型升级路径以应对企业发展日益凸显的矛盾与成长性困境，对于企业的可持续发展至关重要，但现有研究缺乏对路径选择背后支配机制的分析。文献回顾显示，高层管理者认知是研究企业战略转型或变革的重要视角，但尚未将其应用于探讨企业转型升级的路径选择研究。通过对高层管理者认知影响企业转型升级路径选择的理论分析与案例研究，形成了以下主要研究结论。

第一，高层管理者认知是企业转型升级路径选择背后的支配机制。企业转型升级的路径选择决策可以细分为做出转型升级决策和选择转型升级路径两个阶段，而高层管理者认知无论对转型升级决策的做出还是决策做出之后的路径选择，均具有支配作用。企业正是依赖高层管理者的认知来决定转型升级决策与路径选择的。可以说，高层管理者的认知在很大程度上决定着企业能否适应环境变革的要求，并成功实现转型升级。

第二，高层管理者的洞察性认知和重塑性认知状况共同决定了企业转型升级决策的做出。企业发展的历史显示，当企业经营行为与环境变化无法协调时，就需要进行调整以适应环境变化。但是，这样的调整不会自动进行，而是从高层管理者的洞察性认知与重塑性认知开始的。如果高层管理者缺乏洞察性认知，企业无法识别外部环境中蕴含的机会与威胁，也无法感知企业内部存在的问题与资源能力优势，这样，企业就会缺乏转型升级的动力。如果没有重塑性认知，企业就会缺乏进行转型升级的信心。所以，对于转型升级决策的做出来说，二者相辅相成，缺一不可。

第三，高层管理者的匹配性认知状况直接决定了企业选择的转型升级路径，解释了企业转型升级路径选择的异质性。具体来说，高层管理者对技术创新和价值创新应对转型升级问题的匹配性认知，决定了企业最终选择的转型升级路径。这揭示了企业转型升级路径选择出现差异的根源：企业转型升级的路径选择是一个高层管理者的心智发展过程，即便面对同样的内外部环境与转型升级问题，由于高层管理者的感知与解读不同，可能会选择不同的技术创新与价值创新匹配模式，从而导致差异化的路径选择方案。

5.5.2 管理启示

基于上文的研究，可以得到以下几点对于旨在转型升级的企业高层管理者的启示。

第一，高层管理者应当具备洞察性认知能力与重塑性认知能力。企业转型升级从高层管理者意识到“需要改变”开始，这需要高层管理者具备捕捉、感知环境变化并能前瞻性地解释变化意义的洞察性认知能力。这意味着，企业的高层管理者应该能够对内外部环境变化保持密切关注，对内外部环境变化可能给企业带来的利益与压力有所感知，并能给予前瞻性的解释与前景描绘，以便在转型升级机会降临或压力来临时把握变革机遇，及时做出转型升级决策。如果高层管理者的认知模式无法敏锐意识到转型升级的必要性，并无法对何时进行转型升级做出准确判断，结果很可能是错失发展良机或让企业陷于困境无法自拔。同样，企业转型升级还要求高层管理者具备对内部资源进行重塑的认知能力。本章分析显示，企业转型升级涉及一些新的资源的获取、配置或构筑，这需要高层管理者具备重塑性认知能力，能够认识到企业现有的资源能力基础并不是未来转型升级的唯一依赖，并能认知到可以通过资源整合、杠杆能力的利用、经营方向或重心的转换等方式突破对现有资源能力的依赖，对新的资源能力的重构充满信心。

第二，高层管理者应当具备匹配性认知能力。高层管理者对技术创新和价值创新的区别、联系与各自的作用有清晰的认识是选择转型升级路径的重要前提。当前很多研究与管理人员对技术创新和价值创新的理解是片面的，有的强调技术创新是企业制胜的法宝，有的强调价值创新是企业无往不胜的利器。如果高层管理者无法认识到技术创新和价值创新的关系，就无法根据转型升级的需要对二者进行恰当配置。所以，高层管理者应适时调整自己的认知结构，包括准确理解技术创新和价值创新的内涵与作用，清晰把握技术创新和价值创新之间的关系，以便顺利促进企业的转型升级。

第三，企业的高层管理者应具有认知柔性，避免认知凝滞。通过本章的研究发现，高层管理者的认知是驱动企业转型升级过程的基础与关键力量，尤其是高层管理者的洞察性认知、重塑性认知以及匹配性认知直接决定了企业是否进行转型升级以及如何进行转型升级。这说明企业的转型升级需要高层管理者心智模式的更新，为了保持这种更新，高层管理者应具有认知柔性，避免认知凝滞。然而，认知是具有一定惰性的，人们常常选择熟悉的信息和行为方式（封凯栋、沈群红，2013），对既有解释框架以外的事物，总是容易视而不见（Levinthal 、March，1993），以至于在凝滞的认知模式指导下，行动者容易陷入既定的行动路线之中，难以及时采取合适的行动。Masrani 等（2006）的研究表明，企业高层管理者的认知凝滞导致了企业的路径依赖以及战略选择失败。所以，面对动态且异常复杂的企业内外部环境，为了有效捕捉环境中显现的转型升级利益或面临的升级压力，把握升级机会并选择合适的升级路径，顺利实现转型升级，高层管理者的知识结构不应当是一成不变的，而是需要加强学习，与时俱进，及时调整认知结构，适时改变认知与行为模式（Guiette 、Vandenbempt，2013），对认知进行再定位，竭力突破认知障碍，避免认知凝滞。

6

企业转型升级的实现对策

企业转型升级过程不仅包括管理者意识到“需要改变”并做出转型升级决策，还包括“从何改变”及“如何改变”的过程。但无论是“需要改变”“从何改变”还是“如何改变”，都不会自然而然地发生，而是需要创造一些条件、采取一些措施来进行催化。之前章节的研究显示，技术创新、价值创新是企业转型升级的重要推动力量，二者之间的不同耦合关系构成了不同的转型升级路径，而高层管理者认知是企业转型升级路径选择背后的支配机制，企业的每一次转型升级都离不开高层管理者对技术创新、价值创新匹配关系或其组合的选择。这些理论分析以及相关的案例研究只是证明了技术创新、价值创新、高层管理者认知对企业转型升级的重要性，说明了企业是否能够选择合适的路径、能否具有良好认知能力的高层管理者，可能将直接关系到企业转型升级的实现程度，并没有剖析“如何改变”这一问题，也没有提及企业应当为“需要改变”及“从何改变”的顺利进行采取哪些有效措施，而这构成了本章研究的主题。

结合之前章节的研究可以发现，“需要改变”主要与高层管理者的洞察性认知和重塑性认知有关，“从何改变”主要与高层管理者对技术创新和价值创新应对企业转型升级问题的看法有关，“如何改变”主要取决于技术创新与价值创新能否实现。其中，前两项与管理者认知有关，最后一项与技术创新、价值创新的实现程度有关。所以，本章的相关对策主要围绕着价值创新实现、技术创新实现、管理者认知提高等方面来展开。同时，通过鸽瑞公司的转型升级实践发现，融资能力对转型升级目标的实现至关重要，因此本章的对策分析包含了融资能力建设的内容。此外，考虑到政府作为各种政策的制定者及企业外部环境中的重要行动主体，在企业转型升级过程中发挥重要作用，所以本章提出的对策中也包含对政府作用的讨论。其中，围绕着价值创新实现，本章拟从顾客价值分析框架构建、价值创新商业模式建立、基于价值链视角的价值创新途径剖析三个方面进行分析。

6.1 构建基于权变理论的顾客价值分析框架

价值创新理论将“顾客”而不是“竞争者”放在战略思维的中心，强调提供优越的买方价值，认为企业应通过提升顾客价值来寻求持久的、获利性的增长（Kim、Mauborgne，1997）。所以，顾客价值分析是进行价值创新的前提。然而，价值创新理论对买方价值、买方效用的认识比较简单，现有的顾客价值理论虽然受到大量学者及管理者的重视，但时至今日，学者们对于它的内涵及构成维度还存在相当大的观点分歧（Zauner等，2015）。这不仅威胁到顾客价值理论的有效性，并且对企业价值创新实践的指导价值有限。至于造成这种差异的原因，现有文献仅仅揭示了顾客价值内涵的丰富性及复杂性，并没有认识到造成丰富及复杂的重要原因在于顾客价值的权变特性。本章将权变理论引入顾客价值研究领域，从时间、产品、顾客、空间以及竞争者五个方面探讨了顾客价值的多维权变特性，之后结合利得—利失模型构建了顾客价值整合分析框架。该框架可以为企业分析顾客价值提供清晰的指引，提高价值创新策略制定的有效性。

6.1.1 顾客价值权变性的内涵

权变理论是20世纪60年代兴起、70年代逐渐形成体系并受到广泛重视的一种管理理论。权变是指“依具体情况而定”或“随机应变”。它强调每个组织的外部环境和内在条件都各不相同，所以在管理活动中要根据组织所处的内外部环境的变化而因地制宜，针对具体情境寻求恰当的管理方案、模式或方法。权变理论认为，为了达到管理功效，需要构建环境变量与相应的管理观念或技术变量之间的函数关系，即权变关系。权变关系可以表达为“如果……那么……”的函数关系。通过分析环境变量（自变量）与管理变量（因变量）之间的权变关系，揭示二者之间的关系实质，提出适合于特定环境的管理活动（Luthans，1973）。因此，权变分析的前提是要正确认识和把握引起管理变量发生变化的自变量，可以将之称为权变因素。

权变理论为丰富顾客价值理论提供了新的指引，可以从权变理论视角重新审视顾客价值理论的发展。根据权变理论，顾客价值的权变性是指顾客对产品或服务的价值感知随着具体情景因素的变化而变化的一种特性。引起顾客价值感知发生变化的情景因素可称为顾客价值权变因素。

6.1.2 顾客价值的多维权变性

按照权变理论的相关要求，顾客价值理论的发展要求对影响顾客价值变化的情景因素进行揭示。事实上，对于顾客价值的权变特性，现有研究也有一些论述。比如 Woodall（2003）认为，我们每个人不仅会对相同的事情做出不同的评价，甚至会在不同时间以不同方法分别评价不同的事情。从这个视角看，价值只能在一些限定的条件下进行判断，这些条件包括环境的、文化的、社会的因素及经济考虑。进而，他把影响顾客评价过程的因素区分为产品方面的因素、顾客方面的因素、市场方面的因素以及消费者过程方面的因素。陈韦江（2013）认为顾客价值具有一过性，且受时间、环境影响而变化。成海清、李敏强（2007）提到影响顾客价值变化的要素主要有顾客本身、产品本身及与产品相关的服务、产品供应商、竞争等环境的变化。焦丽娜、江若尘（2008）提出顾客价值的构成维度会由于顾客、产品类别以及研究对象的不同而不同。Woodruff（1997）认为顾客感知价值具有产品差异性、情境差异性和动态性，并把影响顾客评价的所有因素划分成供应商的变化、顾客的变化以及环境的变化三大类。这些研究虽然提到或者体现了顾客价值的权变特性，但到目前为止，还缺乏以权变理论为基础对顾客价值的权变特性进行的深入专门的分析，并以此为基础构建顾客价值整合分析框架。

基于现有文献，结合对顾客价值相关特征的考虑，本书从动态与静态结合的角度，将引起顾客价值感知发生变化的情景因素划分为五个方面：时间权变性、产品权变性、顾客权变性、空间权变性以及竞争者权变性。顾客的价值感知随着时间、产品、顾客、空间和竞争者的变化而变化，有效的顾客价值构成管理应结合具体的权变因素进行分析。

（1）时间权变性。

顾客感知价值是一个动态的、时间依赖的概念（Zauner 等，2015）。顾客价值的时间权变性不仅表现在同一顾客在不同消费阶段对某一产品产生不同的价值感知，而且表现在不同历史时期的顾客对产品价值的期望也有所不同。所以，顾客价值的时间权变性可分为基于历史变迁视角的时间权变性以及基于特定顾客消费阶段视角的时间权变性两个方面。

①历史变迁视角。

不同的历史时期，生产力发展水平不同，人们的消费观念与行为也会随之发生改变。比如，互联网技术的发展催生了一些影响顾客价值的新因素。研究表明，社交媒体网络或社群等已经成为影响顾客行为的重要因素（Valck，2009）。在电子商务这种新兴的销售模式下，消费者的消费习惯、消费需求出现了与传统模式不同的特点，需求的个性化特征日益明显（海尔集团 PSI，2013），消费者更加注重购物过程的学习体验，凸显出对便利性、互动性、信息的丰富性及个性化的要求。

唯物辩证法认为，一切事物都是运动的，运动是绝对的，静止是相对的。丹尼尔·贝尔（1984）把人类历史划分为前工业社会（农业社会）、工业社会与后工业社会三个阶段。在人类历史从前工业社会（农业社会）向后工业社会变迁的过程中，人类在追求经济价值的同时，其他的价值诉求同时发生着变化，经历了（朴素的）人文价值与生态价值取向—（基本）无生态价值与人文价值取向—重视生态价值取向与人文价值取向的这一否定之否定的过程（易显飞，2009）。的确，随着人们物质和精神生活水平的不断提高，消费者的环保意识日益增强，绿色消费、生态消费正变成现代社会的一个流行主题（Whitmarsh，2009）。顾客在购买产品时，除了考虑产品的功能价值，还会考虑产品的绿色价值，并愿意为具有社会外部性的绿色产品支付高价（杨晓燕、周懿瑾，2006）。Koller 等（2011）将生态价值作为潜在价值感知的新变量引入对汽车消费的实证研究之中。2016 年，苹果公司在官网上提出了“我们的星球，值得我们尽心思量”的理念，并承诺使用百分百可再生能源，作为对顾客环保要求的积极回应。

②消费阶段视角。

顾客价值形成于顾客在整个产品生命周期的所有体验。在不同的消费阶段，他们对价值的感知是不断变化的（Woodruff，1997），并提出不同的价值诉求。这些体验开始于售前资料，通过订购、收货与安装继续进行，一直到学习、使用、支持及最后的处置。顾客感知价值的轨道是循环的、不间断的。随着新信息的获得，顾客对价值的感知在不断调整与定位。比如，Woodall（2003）发现，在从初始搜索到最终处置商品的整个消费过程中，顾客价值的不同形式都能被体验，并且在不同阶段、不同程度上会应用不同的价值形式。Lee 等（2015）指出，在顾客体验周期的不同阶段，顾客对价值的偏好是不同的。比如，对于教育相关的产品而言，卓越在使用阶段比在预定或订购阶段更重要，而成本效率在运输阶段比在使用阶段更重要。

（2）产品权变性。

对于不同的产品，顾客的价值诉求是不同的。比如，对于日用消费品，便利性是顾客考虑的重要因素。停在加油站加油的顾客主要为了满足效用需要。对需要选择一个大学进行研究生学习的学生来说，重要的不仅仅是作为大学核心产品的学位课程，学生更可能考虑大学的形象、师资、课内课外的经历、额外的课程以及其他服务。学生的需要包括了骄傲感、成就感以及优越感在内的精神需要（Khalifa，2004）。至于奢侈品，顾客会比较看重其声誉价值，即顾客通过拥有产品，以彰显自己的地位、获得他人的尊重，其象征性价值通常远超过功能性价值（Kaufman，1998）。顾客购买奢侈品，通常意味着对独占性、稀缺性、炫耀性及高质量的追求，这时高价如果能够成为高质量的象征或者稀缺性或独占性的象征（Woodall，2003），就被认为是有价值的或者是令人满意的。同样，购买一辆豪华汽车，顾客不仅要考虑其质量、性能、外观、价格，还要考虑其品牌知名度，因为顾客消费这类产品，通常希望通过产品来获得个人成就感，并树立更好的个人形象，这可称为产品消费的社会结果（Sweeney、Scoutar，2001）。事实上，顾客并非希望所有的商品消费都有这样的结果，比如顾客为了维修家具需要买几个钉子，其更看重的是质量是否可靠等功能性价值。

对产业顾客价值维度的研究也证明了产品权变性的存在。Gallarza 等（2011）发现，不同产业对顾客价值维度会产生很大影响。范秀成、罗海成（2003）认为，与有形产品相比，服务产品具有无形性和异质性、生产与消费的不可分性、异质性和互动性等特点，所以顾客对服务产品的价值感知更多地体现在对功能价值、社会价值和情感价值的需求上。Lee 等（2015）将顾客价值分为八类：成本效率、时间效率、便利性、卓越、身份地位、玩乐、审美及伦理，并且指出，不是每一类价值对所有产品都重要。他们认为，顾客价值的每一类别对顾客总价值的贡献是不同的。比如对于教育相关的产品，卓越是最重要的价值。对于娱乐相关的产品，玩乐是最关键的价值。这意味着，每一类顾客价值对顾客总价值的重要性与产品类型密切相关。

（3）顾客权变性。

顾客价值是一个主观的或个人的概念，因顾客的不同而不同，但到目前为止，大多数顾客价值研究假设价值感知同等地影响所有的购买者（Zauner 等，2015）。很少有研究检验了顾客的异质性（Ruiz 等，2007；Floh 等，2014）及其对于行为倾向的解释力。作为一种顾客感知价值的综合分析，不考虑异质性的顾客偏好可能导致误导性的参数估计及低劣的管理决策（Desarbo 等，2001）。

事实上，在其他条件都相同的情况下，一个人获得的价值与另一个人获得的价值可能也是不同的（Woodall，2003）。因为每个顾客的年龄、经济状况、性别、学历、社会地位、价值观的差异，决定了每个顾客的需要是独特的并且是持续变化的。对同样的产品，不同的顾客会有不同的价值感知（Edvardsson 等，2011）。Sinha、DeSarbo（1998）通过对汽车行业的实证调查研究发现，女性顾客更看重质量而非利失维度，而男性顾客看重的恰好相反。还有学者认为，内部因素使得个人对相同事情的评价及欣赏是不同的，这些个人驱动程序被称为个人价值观或消费者价值观（Woodall，2003；Holbrook，1994）。社会心理学领域的研究表明，人类的一切行为都是为了使其价值观得到满足（Rokeach，1973）。所以，尽管文化价值观是顾客固有的观念或看法，但是它会影响到顾客对产品或服务的选择，因为顾客的价值观念、想要达到的目的决定了他们重视的价值成分有自己的偏好性（田金梅、汪纯孝，2007）。在品牌文献中，据说人们买品牌产品的主要理由是：品牌能够满足的功能需要、顾客的自我形象，从更深层次说，顾客可以通过与品牌代表的态度或气质进行哲学或感情的联系进行身份识别（Smith、Wheeler，2002）。这解释了为什么一些顾客愿意为环境友好产品支付更多。例如，Mirvis（1994）报告消费者愿意为环境安全的产品多付10%，投资者支持具有优良的环境记录的企业，这满足了顾客的自尊需要。Ledden等（2007）也发现消费者价值观对顾客价值有积极影响。

此外，研究对象是最终消费者还是企业，也会直接影响到顾客价值的具体构成及其相应的权重（焦丽娜、江若尘，2008）。这说明，不同的价值感知主体如机构顾客与个人顾客，采购商、经销商与最终消费者，即使对同一产品的价值感知也可能是不同的（白琳、陈圻，2006）。

（4）空间权变性。

不同国家、不同区域的气候、文化、经济等特征决定了顾客对产品价值的需求是不一样的。长期以来，在中国独特的文化环境中，消费者的感知价值受人情消费、关系消费及面子消费影响颇大。何志毅（2005）对耐用消费品的研究发现，中国消费者对于产品的外包装设计以及美观程度非常重视。所以，产品包装、外在品牌标志等在西方市场上无关紧要的因素，在中国市场上却可以成为营销活动成败的关键（Yan，1994）。张新安（2010）在对手机产品的实证研究中发现，在集体主义文化比较盛行的中国，消费者在评价顾客价值的过程中，形象属性、炫耀性消费占据重要地位，社会规范和他人意见对其购买决策的影响明显。这说明价值观不仅存在个体差异，而且存在群体差异，表现在不同国家、不同区域顾客的价值观也是有差异的。如果一个国家幅员辽阔，这个国家的气候及经济状况往往会呈现多元化特征，并且通常具有区域差异。

顾客价值还是情境的或背景依赖的（Woodruff，1997；Woodall，2003；成海清、李敏强，2007），情境及既定的环境影响个人的评价判断（Zauner等，2015）。Zeithaml（1988）发现顾客对价值的感性认识具有情景特性。消费者总是选择在一个特定的时间点上最大化他们个人效用函数的价值。Holbrook（1996）和Woodurff（1997）都认为顾客感知价值的形成受感知者本身的属性特征和经历影响，最终在使用情景中达成使用结果的认知偏好与评价。所以，顾客对价值的感知会随顾客所处场合的改变而改变，即对同一个顾客来说，由于受心情、气氛及情绪的影响，也会在不同情景下对相同的商品表现出不同的价值需求（Matzler，2000）。

（5）竞争者权变性。

价值是基于“权衡”“直觉估计”或“给予—得到”的概念，这些与经济学上的效用理论相联系。Holbrook（1996）把顾客价值定义为一个相互作用的相对偏好体验，其中的相对性就包含了比较的意味。此外，比较理论提供了这种顾客感知价值概念模型的理论基础。根据比较理论，相关各方沿着两个维度评价一个交换过程，一是顾客本身对从产品或服务中获得与付出的对比；二是顾客对所购产品或服务与替代产品或服务的对比（Matzler，2000）。也就是说，顾客的购买决策总是参照竞争产品对其供应商所提供的产品的利得与利失进行多重权衡。因此，利益与牺牲的权衡被认为是顾客感知价值的主要特征，并且突出了竞争的相关性（Zauner 等，2015）。大多学者也同意顾客价值包含了与可替代品的对比。可以说，与竞争者替代产品的对比构成了顾客价值感知的重要方面。比如，在缺乏竞争者的垄断市场上，由于缺乏比较对象，顾客对商品的价值诉求相对较低；在供应商众多的买方市场上，由于比较对象增多，顾客会变得比较挑剔，价值诉求随之增多，仅选择相对感知价值更能让自己满意的产品。

6.1.3 顾客价值分析框架构建

尽管到目前为止，顾客价值的文献是碎片化的，没有提供一个可以恰当融合不同观点及观念的全面模型，但研究者普遍承认对利益（利得）与牺牲（利失）的取舍或权衡是顾客价值的主要特征。因此，利得—利失模型是被广泛接受的模型，因为其比其他的模型涵盖面更广泛、更完整。利得—利失模型能从更长的时间层面考虑顾客价值，包括了顾客活动周期的几乎所有元素。对利得—利失模型的主要批评，是其没有注意到价值构建与破坏的动力，其看起来是静止的而不是动态的（Khalifa，2004）。如果将权变因素引入，不仅能在一定程度上克服利得—利失模型的缺陷，整合顾客价值的不同观点，而且能够拓展研究者及管理者的视角，给他们展示一个顾客价值更完整、更多维的图像，并增强他们在分析顾客价值时的全面性。根据以上分析，结合对顾客价值权变性的讨论，构建如图 6-1 所示的顾客价值整合分析框架。

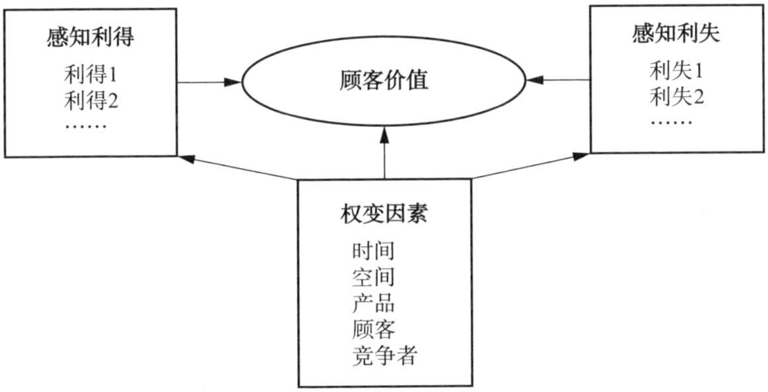

图 6-1 顾客价值分析框架

由图 6-1 所示的框架可知，顾客价值是顾客在权变因素的作用下，对特定产品或服务的感知利得与感知利失进行权衡后所做的综合评价。当评价结果为物有所值或物超所值时，会形成购买、口碑传播、重复购买等积极效应。当评价结果为物不符值时，会出现放弃购买甚至负面传播等消极效应。相应地，顾客价值驱动因素可分为感知利得驱动因素、感知利失驱动因素以及权变因素三类。其中，感知利得包括来自产品或服务的有形或无形价值，感知利失包括货币及非货币成本，比如为了获得及使用产品付出的时间及努力，但顾客对特定产品或服务感知利得及利失的具体构成维度及各维度的权重受相应权变因素的影响，必须在给定权变因素的基础上才能建立和测量。

对权变因素进行分析的目的是增强顾客价值研究的统一性与有效性。由于不同的权变因素作用下的顾客价值存在很大差异，所以，进行顾客价值分析的重要前提就是根据权变因素之间的关系，设计出若干种情景组合，然后在这些情景组合的指引下开展相关研究。由于顾客价值分析的基础是产品（包含服务），所以，可以设计出以产品（包含服务）为基础的权变因素情景组合。这些情景组合及其相应组合之下的研究思路如表 6-1 所示。

表 6-1 权变因素的情景组合及其对应的研究思路

权变因素情景组合	研究思路
产品	不考虑其他权变因素的情况下，分析不同产品的顾客价值构成维度
产品+空间	分析在不同的空间特征如国家、行政区域、城乡、气候、交通、地形等影响下的不同产品的顾客价值构成维度
产品+顾客	分析在不同的顾客特征如收入、价值观、需求层次、性别、年龄、价值感知主体等影响下的不同产品的顾客价值构成维度
产品+时间	可以分别从历史变迁及消费过程视角，分析不同产品的顾客价值构成维度
产品+竞争者	分析不同的竞争背景下，不同产品的顾客价值构成维度
产品+空间+竞争者	分析不同的竞争背景下，在不同的空间特征如国家、行政区域、城乡、气候、交通、地形等影响下的不同产品的顾客价值构成维度
产品+顾客+竞争者	分析不同的竞争背景下，在不同的顾客特征如收入、价值观、需求层次、性别、年龄等影响下的不同产品的顾客价值构成维度
产品+顾客+空间	分析在不同的空间特征与不同的顾客特征综合影响下的不同产品的顾客价值构成维度
产品+时间+竞争者	可以分别从历史变迁及消费过程视角，分析不同的竞争背景下不同产品的顾客价值构成维度
产品+空间+竞争者+时间	可以分别从历史变迁及消费过程视角，分析不同的竞争背景下，在不同的空间特征如国家、行政区域、城乡、气候、交通、地形等影响下的不同产品的顾客价值构成维度
产品+顾客+竞争者+时间	可以分别从历史变迁及消费过程视角，分析不同的竞争背景下，在不同的顾客特征如收入、价值观、需求层次、性别、年龄、感知主体等影响下的不同产品的顾客价值构成维度
产品+顾客+空间+竞争者	分析不同的竞争背景下，在不同的空间特征与不同的顾客特征综合影响下的不同产品的顾客价值构成维度
产品+顾客+空间+时间	可以分别从历史变迁及消费过程视角，分析在不同的空间特征与不同的顾客特征综合影响下的不同产品的顾客价值构成维度
产品+顾客+空间+竞争者+时间	可以分别从历史变迁及消费过程视角，分析不同的竞争背景下，在不同的空间特征与不同的顾客特征综合影响下的不同产品的顾客价值构成维度

6.1.4 分析框架管理启示

本章通过梳理顾客价值的权变性，构建顾客价值整合分析框架，设计以产品（包括服务）为基础的权变因素情景组合及其相应组合之下的研究思路，可以得到以下管理启示。

（1）顾客价值不仅包括感知利得和感知利失，还与权变因素的影响密不可分。本书通过加入权变维度，揭示了顾客价值分析的复杂性，提示理论研究与管理人员在进行顾客价值分析时，应当重视权变维度的影响，需要将权变因素嵌入顾客对利得和利失的评价之中。只有充分考虑了权变维度的顾客价值研究才能更好服务于企业的管理决策。

（2）考虑的权变因素不同，利得和利失的具体构成维度及其得出的结论就可能不一样，这也解释了在顾客价值研究中对驱动因素的认识观点各异、很难出现相同研究结论的现象。其实，不同的产品特性、不同的顾客群体、不同的研究时点等决定了所研究对象的顾客价值构成本来就应当有所差异，很难出现适用于各行业的实证研究结果。所以，对于顾客价值研究不必追求研究结论的普适性，需要追求的是在统一研究框架下的精细研究。

（3）对顾客价值的实证研究而言，考虑的权变因素越少，对实践的指导价值越模糊，但这样研究的适用范围有可能越大，研究结论的生命力也可能越长。考虑的权变因素越多，研究的针对性越强，对实践的指导意义越明确，但正如时间权变性所显示的，这样的研究也越容易过时，需要不断根据时间变化对相关变量进行调整，以跟上实践发展的需要。

（4）了解顾客价值，需要分析不同权变因素作用下的顾客价值构成，因为理解顾客价值显著的前因变量可能是可持续竞争优势最根本的前提条件（Jensen，2001）。所以，为了发挥该框架对实践的指导作用，引导企业未来的管理行为，需要不断挖掘不同权变因素作用下的利得和利失的具体构成维度，充分体现顾客在选择产品或服务时的价值诉求。唯有如此，才能让企业深入理解顾客的价值感知，不断对产品或服务进行优化，从而不断给顾客带来惊喜，提升顾客满意度，最终提升企业的盈利能力与可持续发展能力。

6.2 构建合适的价值创新商业模式

价值创新理论认为，企业为了寻求持久的、获利性的增长，应当把视线从市场的供给一方移向需求一方，通过全力提升买方价值来开创蓝海（Kim、Mauborgne，1997）。按照价值创新理论，建立强劲的商业模式是开创蓝海的基本保证，但其提出的商业模式无法解释很多企业的发展实践。比如，价值创新理论认为，通过大众价格走廊制定能被大多数顾客接受的价格是取得获利性增长的基础，太阳马戏团、瑞士手表生产商 Swatch、福特 T 型车、美国西南航空公司等都是通过此定价方法取得成功的。但是，这难以解释拉菲、劳斯莱斯、爱马仕等产品定价高昂却也取得巨大成功的现实。于是，如何建构更为有效的价值创新商业模式成为值得探讨的问题。本章拟从顾客价值理论视角，分析当前价值创新商业模式存在的不足，提出改进当前商业模式的策略，以增强价值创新理论的解释力，更好地服务于企业价值创新的实现。

6.2.1 当前价值创新商业模式的主要内容

价值创新理论指出，价值创新是基于价值的创新，该价值由两个部分构成，一是买方价值，由买方效用与价格构成。二是企业获得的价值，来源于成本与价格。价值创新的实现需要效用、价格以及成本活动的协调配合。开创蓝海不但要提升买方价值，还要压低成本。基于这种认识，价值创新理论进一步提出，为了确保商业上的可行性，应当将杰出效用、战略定价与目标成本结合起来建构商业模式（Kim、Mauborgne，2005）。

买方效用的确立是价值创新商业模式建构的起点。价值创新理论运用买方效用定位图勾勒了企业能向顾客递送效用的所有杠杆以及顾客能从产品或服务中获得的不同体验（如图 6-2 所示），认为企业为顾客开启杰出效用的方法由顾客生产率、简单性、方便性、风险性、趣味和形象以及环保性六个效用杠杆组成，并将顾客能从产品或服务中获得的各种体验区分为购买、配送、使用、补充、维护以及处置六个阶段。价值创新理论认为通过该定位图可以使企业管理者认清产品或服务有可能填补的效用空间的全部范围。

买方体验周期的六个阶段

六个效用杠杆	购买	配送	使用	补充	维护	处置
顾客生产率						
简单性						
方便性						
风险性						
趣味和形象						
环保性						

图 6-2 买方效用定位图

价值创新理论将战略定价视为向顾客提供杰出效用的必备条件。按照 Kim、Mauborgne 的观点，在知识经济中，价值创新企业的焦点从以高价位限制产出转移到通过价值的飞跃以及引入一个可以接受的价格创造新需求。所以，新产品必须以一种有吸引力的价格向顾客提供特别的效用，而战略定价有助于达到巨大的数量及快速建立强劲的品牌声望。为此，他们开发了进行战略定价的工具——大众价格走廊（如图 6-3 所示），用以识别什么样的价格将启动最多的顾客。通过图 6-3 可以看出，运用大众价格走廊制定的产品或服务价格既不是最低价格，也不是最高价格，而是比较居中的价格。可见，价值创新战略比较强调价格的适中性，强调对大众市场的占领，旨在运用大众价格走廊捕捉目标顾客最大的群体。

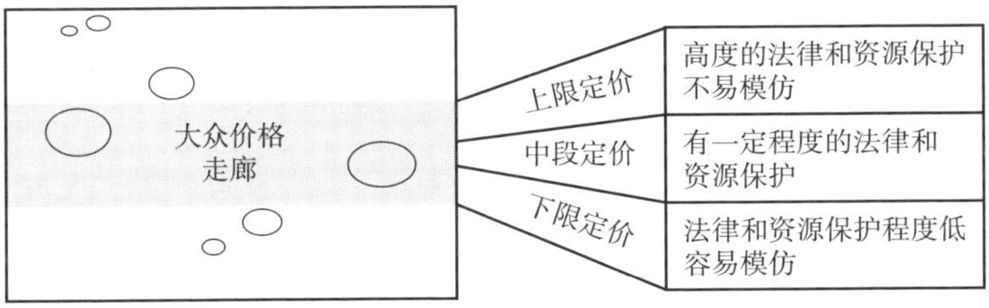

图 6-3 大众价格走廊

注：圆圈的大小与该产品或服务所吸引的顾客数量成正比。

价值创新理论认为，为最大限度发挥商业模式的利润潜力，企业应该基于战略定价，推演出期望利润率，据此再倒推出目标成本。价值创新理论进一步指出当目标成本规划是由战略定价所驱动时，通常需要企业大幅度降低成本，实现成本领先。结合对买方价值的重视，价值创新理论强调蓝海的开创需要同时追求低成本与差异化，认为价值创新就在买方价值提升与成本降低的交汇区域实现（Kim、Mauborgne，2005）（见图 6-4）。为了实现价值创新目标，企业需要重构价值曲线，其中，剔除—减少—增加—创造四步动作框架是价值曲线重构的重要分析工具。该理论认为，企业通过剔除一些被产业认定为理所当然的竞争元素，同时将一些产业竞争元素的含量减少到产业标准以下，就可以将成本降到竞争对手之下。通过增加和创造产业未曾提供的元素，可以提升买方价值，创造新的需求。

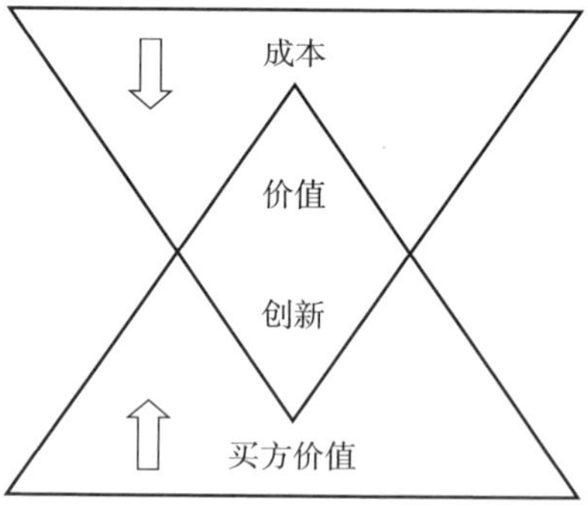

图 6-4　价值创新

6.2.2　顾客价值的内涵与构成

顾客价值理论兴起于 20 世纪 80 年代，发展至今，以顾客价值为基础或焦点的研究成果卓著（Zauner 等，2015；Kumar、Reinartz，2016；Kotler，2017）。然而，对于顾客价值的内涵及其构成维度的认识，还存在相当大的观点分歧。比如，Monroe、Chapman（1987）仅把顾客价值视为一种质量—价格关系。Zeithaml（1988）认为顾客价值是顾客根据所得及付出对于特定产品或服务的效用进行的总体评价。Woodall（2003）强调顾客价值是来自需求端的顾客对一个组织提供的商品所感知到的优点，可以产生于牺牲的减少、存在的利益、牺牲与利益的加权组合的结果，或者以上提到的几个方面随着时间推移单独或联合产生的累积。顾客价值包含四类，即事前顾客价值（购买前）、交易顾客价值（在交易或体验的时点）、事后顾客价值（购买后）及处置顾客价值（使用或体验后）。Sheth 等（1991）将顾客价值划分为条件价值、功能价值、感情价值、社会价值及认知价值五个维度，并认为这些维度是彼此独立的，这意味着，一个消费决策是受一个还是所有维度影响，依赖于所考虑产品或服务的具体情形。Kaufman（1998）将价值研究中的主要价值元素分为尊重或想要、交换价值或值得、效用价值或需要。Sweeney、Soutar（2001）认为顾客价值包含四个相互联系的价值维度：经济价值、感情价值、社会价值以及功能价值。文献回顾表明，关于顾客价值内涵及其构成维度的研究还没有达成共识，但很多研究者承认对利得和利失的取舍或权衡是顾客价值的主要特征。因此，利得—利失观是被较多接受的观念，并且其能从更长的时间层面考虑顾客价值，包括了顾客活动周期的几乎所有元素。对利得—利失观的主要批评，是其看起来是静止的而不是动态的（Khalifa，2004）。

很多学者认识到，权变性是顾客价值的显著特点之一。比如，Woodruff（1997）认为顾客价值具有产品差异性、情境差异性和动态性，并把影响顾客评价的因素界定为顾客的变化、供应商的变化以及环境的变化三大类。Woodall（2003）认为，我们不仅会对相同的事情做出不同的评价，甚至会在不同时间以不同方法分别评价不同的事情。所以，价值只能在一些限定的条件下进行判断，这些条件包括环境的、文化的、社会的因素及经济考虑。进而，他把影响顾客评价过程的因素区分为产品方面的因素、顾客方面的因素、市场方面的因素以及消费者过程方面的因素。这些研究都提到了顾客价值的权变特性，但在对顾客价值内涵及构成的讨论中却没有提及。如果将权变因素引入顾客价值内涵及构成的分析，不仅能在一定程度上克服利得—利失观的缺陷，而且能够拓展研究者及管理者的视角，展示一个顾客价值更完整、更多维的图像，增加顾客价值分析的全面性。基于此，本书认为，顾客价值是顾客在权变因素的作用下，对特定产品或服务的感知利得与感知利失进行权衡后所做的综合评价。其中，感知利得包括来自产品或服务的有形或无形价值，比如产品价值、体验价值、服务价值等；感知利失包括货币成本及非货币成本，比如为了获得及使用产品或服务付出的时间及努力。但感知利得及感知利失的具体构成维度受相应权变因素如时间、空间、产品、顾客以及竞争者等的影响。

6.2.3 价值创新理论与顾客价值理论的融合基础

价值创新理论将“客户”而不是“竞争者”放在战略思维的中心，强调提供优越的买方价值，认为企业应通过提升买方价值来寻求持久的、获利性的增长（Kim、Mauborgne，1997）。顾客价值理论也强调通过向“客户”提供优异的价值而保持竞争优势。所以，价值创新理论与顾客价值理论都是将“客户”作为理论建构的起点。在术语的运用上，价值创新理论用“买方价值”或“买方价值主张”而不是“顾客价值”进行理论构建与分析，但从对相关内容的论述来看，“买方”就是“需求方”“客户”或“顾客”，“买方价值”或“买方价值主张”的实质就是“顾客价值”，在这方面，价值创新理论与顾客价值理论可以进行无缝衔接。所以在称谓上，“顾客价值”可以与“买方价值”互换使用。价值创新理论对买方价值、买方效用的认识比较简单，而顾客价值理论对顾客价值的内涵及构成维度的认识比较深入与多元，这为从顾客价值理论视角审视价值创新的商业模式并将二者结合建构更为有效的价值创新商业模式奠定了理论基础。

6.2.4 顾客价值视角的价值创新商业模式反思

将杰出效用、战略定价与目标成本三者相结合，是价值创新商业模式的核心理念。然而，如果以顾客价值理论视角审视现有的价值创新商业模式，可以发现其存在一些不容忽视的问题。

（1）对买方效用的认识比较简单。

价值创新理论仅将买方效用界定为六个效用杠杆，将买方体验周期划分为六个阶段。根据顾客价值理论，顾客价值总是在对产品或服务的感知利得和感知利失的对比中产生的，据此可以发现价值创新理论关于买方效用的分析忽略了产品或服务可能给顾客带来的感知利失，以至于利用买方效用定位图进行的效用分析难免具有片面性。而且，根据顾客价值的权变特性，考虑不同的权变因素，利得和利失的具体构成维度及其得出的结论就可能不一样。所以，买方效用杠杆不一定都是由顾客生产率、简单性、方便性、风险性、趣味和形象以及环保性六个方面构成的，因为效用杠杆的多少要受顾客价值权变因素的影响。不同的产品、不同的顾客群体、不同的研究时点等权变因素决定了所研究对象的买方效用构成应当有所差异，很难用几个特定的效用杠杆进行准确描述。同理，顾客体验周期也并非一定都经历六个阶段，因为体验周期经历的阶段类型及数量也会随着产品或服务类型等的不同而不同。

（2）片面强调价格制定的适中性与对大众市场的占领。

价值创新理论强调通过战略定价获取大众市场是商业模式运行的必备条件。但是，开创蓝海是不是一定意味着适中的价格，一定意味着要启动最多的顾客？如果是这样，对于一些知名品牌的奢侈品，其价格高昂，市场空间狭小，但同样获得了巨大市场的成功，该如何解释？还有一些产品，其价格在同行业中属于领跑者，但依然吸引了大量顾客，又该如何解释？事实上，价值创新的本质在于追求对于顾客的根本优越价值，而优越价值应该是与竞争者有所区别但又能被顾客认可的差异化的顾客价值。根据顾客价值的构成，差异化的形式可以表现为新颖的款式、优越的性能、过硬的质量、出众的环保价值、良好的体验、较小的时间成本、贴心的服务等诸多方面及其组合。其中，适中的价格可以作为企业实现顾客价值差异化的一种方式而存在，但不是必须。有时，高价也可能成为顾客价值差异化的一种方式。比如，奢侈品具有高价格、象征性、高品位、稀缺性、炫耀性等特点。有学者认为正是奢侈品的高价格使顾客产生“多数消费者仰望、少数消费者拥有”的神秘感，激起顾客的购买欲望。所以，适中的价格及获取大众市场只能解释部分企业的成功经验，对很多同样取得了获利性增长的企业而言，并不适用。

（3）强调成本领先导致对价值创新实现路径的界定比较狭窄。

价值创新理论强调蓝海的开创需要同时追求低成本与差异化。差异化的实质就是优越的顾客价值。理论上，为了实现可获利增长目标，差异化与成本都是需要考虑的重要因素。因为企业盈利的多少取决于销售收入超过成本的程度。企业既不能为了强调顾客价值的优越性置成本损耗于不顾，也不能为了节约成本置顾客价值于不顾。如果片面强调顾客价值而不考虑成本，比如免费提供产品或服务，的确会令顾客满意，赚足眼球与口碑，但倘若不能通过一定的盈利模式赚取利润，最终会将企业拖入破产倒闭的深渊；如果片面强调成本而不考虑顾客价值，会造成产品或服务无人光顾，企业也将无利可图。理想状态是，在提升顾客价值、增加收入的同时，还能够不断压低成本，从而最大化企业的利润水平。但若因此将差异化与低成本并存视为唯一的蓝海实现路径，则失之偏颇。一方面，在四步动作框架中，剔除、减少两个动作会降低成本，但增加和创造两个动作则会增加成本，两者抵消的结果既可能引起总体成本的下降，也可能引起总体成本的上升。另一方面，根据顾客价值理论，为了提供优越的顾客价值，需要增加顾客的感知利得，降低顾客的感知利失，但这两个方面的实现必然伴随着成本的付出，包括人力、物力、财力等各方面的耗费，甚至可能需要大幅提升已有的成本水平。因此，企业在提升顾客价值的同时，不一定能够实现成本领先。其实，价值创新的目标是实现可获利增长，所以不管成本领先与否，只要在提供了优越的顾客价值的同时，企业还能拥有丰厚的获利空间，都是价值创新的实现路径。

6.2.5 融入顾客价值理论的价值创新商业模式发展对策

（1）拓展对买方效用的理解。

按照价值创新理论，买方价值由买方效用与价格构成。买方价值的本质就是顾客价值，这意味着，按照顾客价值理论，在顾客价值的构成维度中，除了货币成本，其余构成维度的组合等价于价值创新理论中买方效用的构成要素组合，但价值创新理论对买方效用构成维度的界定比较简单。为了增加买方效用分析的完整性，提升买方效用分析的效果，一个企业在运用价值创新理论建构商业模式、分析买方效用时，可以在考虑顾客价值的权变特性后，细化顾客价值的感知利得与感知利失（扣除货币成本），然后用这些维度代替买方效用的六个杠杆。同时，在分析买方体验周期时，也要考虑到顾客价值权变性的影响，对买方体验周期进行适当调整。

（2）基于顾客价值进行定价。

产品或服务的价格可以结合顾客价值进行制定。如前所述，顾客价值是顾客对从产品或服务中获得的感知利得减去感知利失后的总体评价。其中，感知利失包括货币与非货币成本。如果用 CV 代表顾客价值，Fb 代表感知利得的组合，Fc 代表货币成本，Fo 代表除货币成本之外的其他成本，如果交易想要达成，需要满足：$CV=Fb-Fc-Fo\geqslant 0$，这意味着 $Fb-Fc-Fo\geqslant 0$，此时，$Fc\leqslant Fb-Fo$。从该公式可以看出，让顾客甘愿付出货币成本的条件是，顾客的感知利得要大于或等于除货币成本之外的感知利失。从企业的视角来看，Fc 就是企业获得的收入，也就是产品或服务的成交价格。这也意味着，只要能让顾客的感知利得大于或等于除货币成本之外的感知利失，企业定价就是合理的。反之，如果不能让顾客感知到优异的顾客价值，再低的定价也换不来顾客满意。所以企业定价的高低应当取决于感知利得与除货币成本之外的感知利失之间差额的大小，而不是一味强调价格的适中性。

至于根据顾客价值定价能开启的市场，可能是大众市场，也可能是小众市场，只要在此市场上能提升企业的获利水平，就可以成为蓝海开创市场。比如，在高科技产业领域，苹果公司的产品以高价著称，但这并没有减少大量顾客购买其产品的热情。另外，互联网时代的思想家、预言家克里斯·安德森（2015）曾经提到，互联网时代，大众市场不再一统天下，小众市场也可以呼风唤雨。

（3）以可获利成本代替低成本，拓展蓝海实现路径。

前文的分析表明，为了提供优越的顾客价值，不一定要伴随着低成本。因此，为了实现价值创新，虽然需要做到对顾客价值与成本的兼顾，并在保证顾客价值的前提下尽量降低成本，但不是必须追求成本领先与差异化的并存，企业真正应该做到的是顾客价值提升和可获利的成本结构之间的匹配与平衡。这样，以可获利成本代替低成本，将差异化与可获利成本并存作为开创蓝海的必要条件，可以拓展蓝海的实现路径，为企业进行商业模式规划提供理论支撑。可以发现，在这种条件下，差异化与低成本并存仅仅是实现价值创新的可能路径之一。顾客价值、可获利成本与价值创新之间的关系如图 6-5 所示。

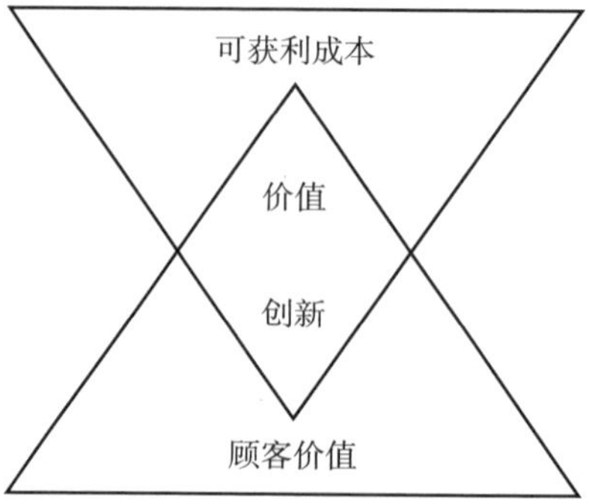

图 6-5　顾客价值、可获利成本与价值创新

6.2.6　价值创新商业模式研究启示

本章通过引入顾客价值理论，揭示当前价值创新理论商业模式存在的问题，并提出发展对策，得到如下研究启示。

（1）价值创新理论将杰出效用、战略定价与目标成本三者相结合作为商业模式的核心理念，影响了对实践问题的解释力。通过分析发现，为了实现价值创新，杰出效用是前提，但战略定价与低成本并非开创蓝海的必要条件，应当将杰出效用、基于顾客价值的定价与可获利成本相结合。

（2）价值创新理论仅将买方效用界定为六个效用杠杆，对买方效用的理解比较狭隘。在进行买方效用分析时，应结合顾客价值理论对顾客价值构成及其权变特性的认识，拓展买方效用的构成维度，并重新审视买方体验周期的构成。

（3）产品或服务定价的高低应当取决于顾客的感知利得与除货币成本之外的感知利失之间差额的大小，只要顾客的感知利得大于扣除货币成本之外的感知利失，即使是高价，顾客也是愿意接受的。所以，不必强调价格的适中性与大众市场的成功。高价也可能开拓大众市场，并且高价开拓小众市场依然可以进入蓝海。

（4）将差异化与可获利成本并存作为开创蓝海的必要条件，可以拓展价值创新的实现路径。为了实现可获利性增长目标，不必局限于追求差异化与低成本并存，关键在于提供差异化的顾客价值以及与之匹配的可获利的成本结构。

6.3 通过对价值链的分解与整合进行价值创新

前文的研究显示，除了技术创新独占型路径，其他转型升级路径的实现都与价值创新有着密切联系。可见，价值创新对实现企业转型升级非常重要。如何实现价值创新是摆在企业管理者面前的一道难题。研究显示，“价值链思想是研究竞争优势的有效工具”（迟晓英、宣国良，2000），而“价值创新是对企业价值链的重新思考”（Rastogi，2003），可以通过价值链的重组提升顾客价值（吴应良、蔡凯佳，2016）。文献回顾发现，当前从价值链视角进行的价值创新研究，有的仅关注企业价值链与上下游价值链的联结对价值创新的影响（张威，2006）；有的研究对象主要是 O2O 企业（杜婉音，2018；依绍华，2016）或模块化组织（徐宏玲，2006；王瑜，2014），焦点主要是某个价值环节的发展策略或价值网的构建，这些都不足以体现价值链理论的丰富内涵，也不足以指导企业的价值创新。如果能以宽广的视野看待价值链，并将其用于分析传统制造企业的价值创新途径，无论对挖掘价值链的价值，还是对企业的转型升级，均具有重要意义。鉴于此，下文将以价值链理论为基础，探讨企业价值创新的实现途径，为企业实现价值创新提供借鉴。

研究显示，价值链的分解与整合是价值链理论的精髓（吴海平、宣国良，2003）。据此，为了实现价值创新，企业可以通过不同方式对价值链进行分解与整合。

6.3.1 价值链垂直集成

价值链垂直集成是指从企业价值链与上下游经济主体的纵向联系的角度看待不同价值环节，强调价值环节之间的高效、无缝链接，管理的视野为整个供应链（吴海平、宣国良，2003）。这种方式注重供应链系统、库存管理系统、生产系统、物流配送系统、客户服务系统之间的有机联系，重视与上游供应商、下游渠道商及客户之间的合作与沟通，有利于相关各方共享信息、共担风险，降低库存成本，减少交货期，提高对顾客需求的响应速度，实现对顾客的协同服务。比如，以生产、设计、直销电脑闻名的戴尔公司，使用互联网技术将企业价值链与上游的供应商以及下游的用户有效链接起来，不但实现了快速“按需定制”“按单生产”，消灭了中间商，还通过与供应商共享包括产品质量和库存清单在内的一整套信息，大量降低了库存，将全球平均库存天数降到了 7 天之内，而一般电脑厂商的库存时间为两个月。青岛红领集团运用互联网、大数据及信息技术，将消费者、生产者、物流及供应商的信息打通，实现了生产线柔性化，满足了顾客大规模个性化定制的需求，提升了效率，降低了成本，成功由一家生产西装的传统服装企业转变为现代化的智慧工厂。

6.3.2 价值链内部集成

价值链内部集成是指企业对内部价值链上不同功能、层次和内容的价值活动进行选择、增加、激活、淘汰和有机融合，形成新的价值活动体系，使之具有较强的灵活性、价值性和系统性。价值链内部集成是一个动态过程，它可以通过技术升级以及业务流程重构的方式，改变资源分配设计流程，改造内部管理流程，改革管理架构，改变市场策略，改变产品交付方式等，提高运营效率。具体的集成方式与企业所处的社会发展阶段有关。比如，1908 年，福特发生了生产线革命，通过标准件、社会化分工的方式提高了劳动效率，大幅降低了汽车生产成本，使汽车由奢侈品转变为人人都可拥有的大众商品，使美国从此成为“车轮上的国家”。在技术发展日新月异、顾客需求日益多变的今天，企业可以借助人工智能、大数据、3D 打印技术、互联网及信息技术、传感器技术、人机协作技术等改造现有价值链，进行敏捷制造，改变与顾客之间的关系，缩短产品制造周期，缩短交货期，提高产品质量，降低产品成本，满足顾客个性化需求。比如，海尔借助互联网技术，以人单合一模式颠覆了传统的管理范式，从企业、员工、用户三个维度进行战略定位、组织重构和流程再造，改变了企业的组织架构、运营流程、资源配置方式、制造模式、研发管理体制、激励机制、人力资源管理模式及与用户的关系模式等，顺应了互联网时代“去中心化”“零距离”“去中介化”的要求（周云杰，2016），提高了对用户需求的反应速度，提升了用户的体验价值。

6.3.3 价值链收缩与重构

价值链分解与重构是指企业对内部价值链上不同价值活动进行拆解，分析各个环节的优势及不足，保留乃至强化优势环节，处置不足环节，形成新的价值创造体系。①外包。将成本高、附加值低、技术含量不高的环节或者自身能力不足的环节外包，在全球范围内选择合作伙伴。外包可以发生在企业价值链的不同环节与部门，典型的有：生产外包，如耐克公司，仅保留设计与营销环节，将生产环节外包给劳动、原材料成本低廉的发展中国家承包商；联合研发或研发外包，以提高研发速度，快速推出新产品；人力资源管理外包，节约管理成本。②剥离与增强。将非核心业务剥离或出售，增强核心业务。比如，IBM将桌面电脑以及笔记本电脑业务出售给联想集团，剥离非生产性资产，对于保留的大型机、超级计算机、服务器等业务，注重用新技术提升产品性价比，降低成本，同时大量收购软件公司，加强软件服务业务，经历了从生产向服务的转型。③建立虚拟企业。将最为关键、最具优势的核心价值环节和职能部门予以保留，其余价值环节交由合作伙伴执行，合作伙伴之间相互独立，形成一种短期的、虚拟的动态联盟，“在市场机会出现时组建，而在机会消失时解散”（吴海平、宣国良，2003）。虚拟动态联盟可以快速响应市场需求，实现资源、能力的最佳配置，能够灵活地、经济地、有效地组织生产，减少官僚主义，缩短开发周期，提升产品质量与生产效率，但会增加机会主义，协调难度大，交易成本高。

6.3.4 价值链网络化

随着信息技术与互联网技术的发展，为应对激烈的竞争与日益苛刻的顾客需求，也为了弥补内部资源与能力的不足，企业可以将价值链网络化，构建以自身为核心的价值网，打造基于价值网的竞争能力。价值链网络化是指跨越既存的企业边界（王瑜，2014），与外部合作伙伴就价值链上的价值创造环节深度分工合作、优势互补，建构网络状价值创造体系，与价值网成员一起进行价值创造，灵敏服务于顾客需要。“价值网是由利益相关者之间相互影响而形成的价值生成、分配、转移和使用的关系及其结构”（胡大立，2006），具有以顾客为中心、快速反应、高度协作、关系稳定、以领导企业为核心等特征。通过价值链网络化，企业与外部供应商、服务提供商、渠道商、研发机构等合作伙伴一起形成了价值创造共同体，快速满足顾客需求，实现价值创新。价值网有两种类型：①以主体企业为核心，将多重客户、多重供应商连接起来的价值网（毛蕴诗、王华，2008）。比如，成立于2010年3月的小米公司，通过网络化的价值共创活动，快速成长为有影响力的创新型科技公司。②以主体企业为核心，不同网络主体一起服务于共同客户的价值网。比如方正集团，通过对企业内外部的资源进行整合，建立业务生态系统，提高整体运营效率，降低总成本，提升各参与主体的效率与效益，达到了多赢的效果（李友，2013）。

6.3.5 价值链跨越

价值链跨越是指当企业发现新的市场机会时，利用企业现有资源及能力进入新的价值链，替代现有价值链或与现有价值链并存，进行产品或产业多元化发展。比如万向集团，从最初的万向节制造，逐渐拓展至制动系统、汽车底盘、排气系统、传动系统、悬架系统等产品的生产。方正集团从激光照排起家，不断通过价值链跨越进行价值创新，目前已发展成为包括IT、房地产、物产、医疗医药和金融五大产业的多元化投资控股集团（李友，2013）。格兰仕从一家羽绒制品厂，凭借着“薄利多销、货真价实、价廉物美”的价值创新理念，先后进入微波炉、空调及小家电三个产品领域，成为家电领域的知名品牌。联想集团在保持电脑主业地位不变的情况下，在化工、金融、农业以及消费等领域布局，成为多元化发展的大型企业集团。通过价值链跨越，这些企业不断开辟蓝海，打开了更为广阔的发展空间，实现了持续发展。

6.3.6 价值链深化

价值链深化是指企业针对价值链上特定的某个或几个环节，做深做强。比如，加强对生产环节的技术改造，增加制造环节的技术含量，进行产品或工艺创新；融合多种产业知识，丰富产品功能，进行产品创新；扩大生产规模，获得规模经济；加强品牌管理，进行品牌塑造，提升品牌价值；重塑服务理念，利用先进技术改造服务流程，提供优质服务，优化顾客服务体验；创新销售方式，开展电子商务。又比如，美国服装公司 Elizabeth & Clarke 运用纳米技术，制作出了不沾污渍的白色衬衫，从而避免衬衫被牛奶、咖啡、红酒等液体打湿或弄脏，可以大量节约洗衣服的时间。苹果公司在 iPhone 手机中融合了休闲、商务、网络、娱乐等多种功能，创造了更好的顾客体验（毛蕴诗、温思雅，2012）。德国的 BASF 公司将人工智能技术引入客服管理，可以根据客户要求，自动选取合适的员工派出，并能根据事故处理情况自动学习，给后面的事故处理提供更好的建议，大幅节约了人工成本，提升了工作效率，创造了更好的顾客满意度。富士康围绕制造环节，不断进行技术升级，深化制造能力，打造全方位的成本优势，给客户及时提供最有竞争力的产品，发展成为全球第一大代工厂商。

6.3.7 价值链延伸

价值链延伸是指拓展企业价值链环节，由制造延伸至上游的研发设计功能，或开拓下游的营销、物流、客户服务等功能。通过价值链延伸，可以降低交易成本，增强企业抵抗风险的能力，增加产品附加值，提升收益率。比如，增加研发功能，加强研发管理，可以提升企业技术创新水平，改善产品质量与性能，增加产品附加值；发展营销能力，打造自主品牌；自建物流通道，提升物流配送效率。又比如，海鸥卫浴从 OEM 起步，逐渐拓展到 ODM。成霖股份从 OEM 起步，逐渐拓展到 ODM（汪建成、毛蕴诗，2007）。

上文从价值链视角，分析了企业进行价值创新的七条途径。需要注意的是，价值创新的不同途径之间不是完全互斥的，企业在同一时期有可能同时采用几条途径，也有可能在不同时期选择不同的途径。比如，格兰仕最初是一家羽绒制品厂，后来转型代工制造微波炉，逐步发展成为世界最大的微波炉制造商，而后又相继进入空调、小家电制造等领域，成为多元化发展的世界级企业。在格兰仕发展历程中，既采用了价值链跨越，也运用了价值链深化以及价值链延伸。正是基于对价值创新路径的恰当选择，格兰仕不断突破了既有资源与能力限制，进入了持续增长之路。

6.4 加强技术创新能力建设

随着市场竞争的日益加剧，中国经济的腾飞与繁荣最终要依赖企业的发展与创新，尤其是技术创新和价值创新来推动。前文的研究显示，除价值创新独占型升级路径之外，其他几种转型升级路径都离不开技术创新的支持，但中国企业普遍存在技术创新能力不足的问题。所以，大力加强技术创新能力建设对中国企业的转型升级是非常重要的。影响企业技术创新能力的因素有很多，比如技术创新的动力、技术创新环境的质量、技术创新的决策质量、资源投入水平、企业的组织管理水平、新知识的产生与获取能力、企业的制造能力、企业的影响能力等（魏江，2002；傅家骥，1998；刘锦英等，2006）。本书认为，在技术创新能力的形成过程中，有两种因素最为重要，一是研发投入水平，二是利用网络获取资源进行创新的能力。

6.4.1 增加研发投入

以前，我们通过以资金买技术、以市场换技术、以模仿造技术、以研发创技术等方式实现了一些技术创新，也获得了一些原创性的技术进步，但总体而言，边缘与外围性的技术创新比较多，关键核心技术创新数量不足。企业发展的历史表明，关键核心技术是技术相关型企业制胜的法宝，也是国家经济繁荣昌盛的根本力量。关键核心技术的缺失，将会使企业发展处处受制于人。

关键核心技术很难通过引进、市场购买获取。2018 年 5 月 28 日上午，在中国科学院第十九次院士大会、中国工程院第十四次院士大会开幕式上，习近平总书记明确指出，关键核心技术是要不来、买不来、讨不来的。美国以举国之力对华为的打压，不但让我们看到美国对关键核心技术的重视，也让我们更为明确地意识到，关键核心技术的取得不能靠外部采购，必须靠内力，靠自我研发实现。

大量的研发投入是增强自主创新能力、掌握关键核心技术的基本保证。从目前企业的研发投入水平来看，中国与发达国家还存在一定差距。

据统计，2017 年中国上市公司总研发支出大约是美国的 22%，平均每家上市公司的研发投入规模更低，大概是美国的 13%。欧盟委员会对全球 46 个国家和地区的 2500 家主要企业的会计年度研发投入进行调查，于 2019 年 1 月 2 日公布了《2018 年欧盟工业研发投资排名》。在这份榜单中，美国有 778 家、欧盟有 577 家、中国有 438 家，日本有 339 家企业上榜。在排名前 50 的企业当中，美国有 22 家，欧盟有 18 家，日本有 6 家，瑞士有 2 家，中国有 1 家，韩国有 1 家。在这份榜单中，华为名列世界第五，也是唯一一家上榜的中国企业。在 2500 家企业总计 7364 亿欧元的研发投入中，来自中国的公司占比仅为 9.7%，排名低于美国（37.2%）、欧盟（27.2%）、日本（13.6%）。总体上看，中国企业的研发投入还是偏少，还存在巨大的增长潜力。这份榜单可以从一个侧面显示出，美国企业技术优势的形成与其在研发上的大量投入密不可分。尽管也有研究表明，中美龙头企业之间的研发强度差距在不断缩小，但是中国高研发强度企业仍屈指可数，尚未批量涌现。所以，中国应该有更多的企业加大研发投入，走上技术驱动型的发展道路，通过掌握关键核心技术引领转型升级。

6.4.2 注重利用创新网络

随着经济发展与竞争条件的变化，研究者逐渐认识到，一个企业无法拥有适应快速市场变化的所有资源，技术创新的成功日益来源于合作进行的知识创造。Hardy 等（2003）分析了网络环境对知识创造的优势，认为网络不仅促进网络中的知识转移，还促进新知识的产生。党兴华、李莉（2005）从知识位势角度出发，论述了企业技术创新合作中的知识创造过程。姚威（2009）认为产学研协同有利于技术创新的实现，并探讨了产学研协同创新的知识创造过程，提出了以知识获取、知识消化、知识共享和知识增值四个过程为核心的产学研 GDSP 知识创造机制和知识创造周期。邹波（2012）等发现校企知识转移可以增加企业知识存量，提高企业技术创新能力。三全食品和鸽瑞公司的案例均显示，与外部的机构如大学、研究机构、企业、供应商等的合作是企业技术创新成功的重要保障。因此可以说，技术创新的成功往往需要相关资源的协同作用，这在一定程度上意味着技术创新就是结网的过程，企业内外网络的构建日益成为技术创新成功的重要保障。本书认为，从创新网络的视角出发，为了提升技术创新能力，企业需要从以下方面着手。

（1）充分重视网络的作用。成功的技术创新依赖于有效的内外部联系（Tidd 等，2005）。技术创新作为知识的创造、传播和使用的集成系统，从来不是一个企业的孤立表演，而是多方参与的活动，是一种“社会化”过程，是在网络中形成的，内部与外部行动者的良性互动形成的网络是技术创新成功的重要支撑。所以，为了实现技术创新，企业的管理者要充分重视社会网络的作用。

（2）注重对网络知识的获取。知识获取是企业在进行知识搜索的基础上，通过一定的方式，从协同创新网络中获取知识的过程。知识获取越有效，企业技术创新的过程越顺畅。在知识获取效果的影响因素方面，Dong-Gil（2002）的研究证实了知识接收方的沟通解码能力对知识获取的显著作用。此外，企业对知识的辨别力、知识搜索能力、知识价值的评估能力、知识获取的方式、获取知识的类型、与知识输出方的沟通机制与沟通频率等，可能都是知识获取效果的重要制约因素（Liu，2017）。

（3）积极构建内部吸收能力。为了有效利用来自外部网络的资源，企业不仅需要能识别外部资源的价值，通过合适的方式获得所需资源，而且需要能够对获取的资源进行有效的阐释和理解，然后才能对外部获取的资源进行开发利用，并将其用于商业目的。在战略、组织与创新研究中，企业内部的这种能力被称为吸收能力（Cohen、Levinthal，1990）。吸收能力理论自提出后，在创新、商业绩效、组织内知识转移、组织内学习等方面的研究中得到了广泛应用，并且已经证明，吸收外部知识与资源能给企业创新带来巨大的利益（Cockburn 等，2000；Zollo、Winter，2002），增强企业的吸收能力是成功创新能力的重要基础。所以，企业为了利用外部资源，内部必须拥有一系列能力与技能，并且随着创新过程的推进，吸收能力的内容需要不断丰富与拓展。没有相匹配的吸收能力，企业将很难对来自外部环境的知识进行识别、吸收和利用。

影响吸收能力的因素有很多。比如，Cohen、Levinthal（1990）认为，企业已有的知识基础影响其知识吸收的效果。企业的先验知识越丰富，企业内部员工的知识水平越高、知识类别越多，越能对获取的知识进行快速反应和准确解释，也越能解释多样而复杂的知识。Simonin（1999）认为企业在知识吸收方面的资源投入越多，越注重对知识吸收活动的组织管理，越能增加知识吸收的效果。陈劲等（2011）发现，企业知识基础、企业研发活动强度、员工的学习强度和方法、开放的组织文化及企业的学习机制都对提升企业的吸收能力起着重要作用。还有研究认为，在网络环境中，技术创新是一个结网过程，是由不同阶段构成的，比如技术创新愿望的激发、技术创新的实施以及技术创新市场价值的实现（刘锦英，2014）。在企业技术创新网络演化过程中，为了充分利用来自外部的资源，需要企业拥有相应的内部吸收能力与之匹配。具体来说，为了激发创新愿望，企业需要具有创新文化，而且积极寻求外部支持；为了顺利实施创新，企业自身需要具有研发能力与技术知识的运用能力，否则就无法对外部获取的知识进行消化吸收并创造新知识；为了创新价值的市场实现，企业需要具有营销能力，否则就无法吸收与市场相关的知识，对客户的需求进行预测、解释、理解、刺激并予以满足。若没有这些内部吸收能力，无论外部的创新资源多么丰富，企业也不会产生创新冲动，更谈不上主导创新。

根据已有的研究成果，可以把影响创新实现的企业内部的创新文化、研发设备、技术中心、营销能力等都归属到企业吸收能力的范畴。这意味着，企业为了提升吸收能力，应当在研发能力构建、创新文化培养、营销能力的建设、人才建设等方面加强资源投入。

（4）谨慎选择合作伙伴。企业为了充分利用来自网络的利益、提升技术创新绩效，需要对外部合作伙伴进行审慎选择。选择合作伙伴一般应注意两个关键问题：选择合作伙伴的目的是什么？合作伙伴应具备哪些条件？弥补技术资源缺口是企业选择与外部机构合作的重要目的。基于这样的目的，在合作伙伴的选择上，企业除了考虑合作伙伴是否具有企业所需要的技术资源外，还需要综合考虑合作伙伴之间的关系、沟通情境、技术距离、地理距离、文化距离、研究能力等因素（Liu，2017）。比如，已有研究显示，技术资源特性是企业选择外部合作伙伴时必须考虑的基础与前提条件，关系及空间特性是否会对企业的选择决策产生影响，取决于是否存在多个分散于不同空间的拥有同样资源特性的外部合作伙伴（刘锦英，2015）。

（5）选择合适的协同创新模式。协同创新总是需要通过一定的模式来实现。可供企业选用的协同创新模式主要包括两大类，一类为正式模式，如技术转让、委托开发、合作开发、共建经济实体等；一类为非正式模式，如人员交流、成果互引、研讨会等。不同的协同创新模式在创新时间、创新成本、创新风险、创新成果分配、创新经验积累、管理难度等方面的具体表现不同，所以，在模式的选择方面，企业应综合考虑行业效应、学科领域、知识特性、组织和个人特征、企业规模、企业创新目标、大学研究能力、产学间地理距离、管理水平、企业的知识创造能力等因素的影响（Liu，2017）。

6.5 加强高层管理者认知能力建设

吴晓波（2017）曾经提道，“转型升级几乎没有一定之法，并不是有一个公式、有一个标准答案可以拿去学，所以它基本上是一个企业家自我创新、自我革命的过程”。显然，企业家自我创新、自我革命的前提是其认知模式的改变。前文的研究也证明了高层管理者的认知系统是指导企业转型升级的指南。其中，高层管理者的洞察性认知和重塑性认知共同决定了企业能否把握转型升级的机会、做出转型升级的决策，匹配性认知则决定了企业选择的转型升级路径。这就说明，高层管理者不同的认知会导致不同的行动，进而带来不同的结果。所以，企业转型升级的顺利进行，需要管理者不断更新固有的认知模式，加强认知能力建设，尤其是洞察性认知能力、重塑性认知能力及匹配性认知能力的建设。为了加强这些认知能力建设，需要高层管理者做到以下几点。

（1）具有忧患意识。企业发展史表明，成功企业的高层管理者通常具有很强的忧患意识。比如，微软的创新人比尔·盖茨曾说：“微软距离倒闭永远只有 14 天。”盛大网络的创始人陈天桥曾说：“在 2001 年之前，盛大每天都可能死去；在 2002 年，盛大每个月都可能死去；在 2003 年，盛大每个季度都可能死去。”“变是常态，不变是非常态。”华为的创始人任正非曾说：“我天天思考的都是失败，对成功视而不见，也没有什么自豪感、荣誉感，有的只是危机感。”具有忧患意识的高层管理者，通常能够居安思危，愿意接受挑战，随时准备迎接变化的到来。所以，这些高层管理者能对企业内外部的环境变化保持足够的敏感性，善于捕捉变化中隐藏的利益和压力，而这是洞察性认知能力建设必不可少的。

（2）具有资源整合与重构意识。企业转型升级的实施，通常需要不同于之前的资源支撑。所以，作为主导企业转型升级过程的高层管理者，不能陷入对企业当前资源的依赖中，必须有资源的重构意识，以及资源内外整合的意识。具有这些意识的高层管理者，能够认识到企业如何或从哪里得到转型升级所需要的资源，容易形成重塑性认知能力，有利于助推企业转型升级决策的做出。

（3）具有将技术创新与价值创新合理匹配的意识。高层管理者应当认识到技术创新和价值创新是既有区别又有联系的，所以技术创新和价值创新对转型升级问题的作用是不同的，需要通过对二者的恰当匹配，来选择企业的转型升级路径。

（4）具有学习意识。高层管理者通常都有自己的行为习惯，形成了既定的思维模式，这种认知上的惰性可能导致认知凝滞。然而，研究表明，高层管理者的认知凝滞会导致企业的路径依赖以及战略选择失败（Masrani等，2006）。这是因为转型升级通常意味着要打破常规。为了克服认知惰性，避免认知凝滞，高层管理者应当具有学习意识。通过学习，可以改变观念与思维习惯，打破思维定式，拓展认知疆域，不断增强认知能力。洞察性认知能力、重塑性认知能力及匹配性认知能力的提升，很大程度上也是由高层管理者的学习能力决定的。所以，唯有保持积极的学习态度，才能以积极的姿态拥抱转型升级的到来。

（5）具有结合企业属性选择转型升级路径的意识。前文的分析显示，不同属性的企业，在适用的转型升级路径方面有一定差异，二者之间的匹配关系如表 6-2 所示。

表 6-2 转型升级路径类型与企业属性之间的匹配关系

转型升级路径类型	企业属性		
	技术无关型	技术驱动型	技术应用型
技术创新独占型	不适用	适用	适用
价值创新独占型	唯一适用	适用	适用

续表

<table>
<tr><th colspan="2" rowspan="2">转型升级路径类型</th><th colspan="3">企业属性</th></tr>
<tr><th>技术无关型</th><th>技术驱动型</th><th>技术应用型</th></tr>
<tr><td colspan="2">技术创新与价值创新并列型</td><td>不适用</td><td>适用</td><td>适用</td></tr>
<tr><td colspan="2">技术创新引领型</td><td>不适用</td><td>次优适用</td><td>适用</td></tr>
<tr><td colspan="2">价值创新引领型</td><td>不适用</td><td>适用</td><td>次优适用</td></tr>
<tr><td rowspan="2">技术创新与价值创新并进型</td><td>技术创新牵引、价值创新配合与放大型</td><td>不适用</td><td>最适用</td><td>适用</td></tr>
<tr><td>价值创新牵引、技术创新配合与放大型</td><td>不适用</td><td>适用</td><td>最适用</td></tr>
</table>

资料来源：笔者整理。

当企业发展遭遇困境需要突围或追求更高的发展目标时，需要高层管理者将企业内外部的信息整合在一起，从整体上对信息进行解读，并根据企业的实际情况选择合适的转型升级路径。其中，在考虑企业自身情况时，企业属性是应当考虑的重要因素。从表 6-2 可以看出，不同属性的企业对转型升级路径的选择是有规律可循的。具体来说，如果是技术无关型企业，唯一能够选择的路径就是价值创新独占型；如果是技术驱动型企业，所有的转型升级路径都适用，但如果市场竞争激烈，企业又想做大做强，则最适用的路径是技术创新牵引、价值创新配合与放大型路径，次优路径是技术创新引领型路径。如果是技术应用型企业，所有的转型升级路径都适用，但如果市场竞争激烈，企业又想发展壮大，最适用的路径是价值创新牵引、技术创新配合与放大型路径，次优路径是价值创新引领型路径。对此，企业的高层管理者需要有明确认识，以便根据对企业属性的定位，结合企业不同转型升级阶段遇到的具体问题，选择合适的转型升级路径。但是，高层管理者还需要认识到，如果对企业自身的属性定位出现偏差，即使选择了与属性匹配的转型升级路径，也难以取得理想的转型升级效果。

6.6 加强融资能力建设

在转型升级过程中，企业正常生产经营活动的进行、技术创新或价值创新的实施、产能的扩大，都需要一定的资金投入。鸽瑞公司的发展显示，即使路径选择没有问题，如果企业的资金供应出现问题，也会直接导致企业发展陷入困境。所以，企业应结合自身的经营与转型升级需要，合理确定资金数量，精心规划资金来源，保证企业经营及转型升级过程有稳定的资金供应，避免出现因资金链断裂使转型升级过程中断甚至企业生产经营停滞的现象。为了加强融资能力建设，企业应了解融资方式的类型，比如企业的融资方式按期限长短可以分为短期融资和长期融资两类。其中，短期融资包括短期借款、商业信用等。长期融资包括外源融资和内源融资两种，而外源融资又包括股权融资和长期债务融资。长期债务融资主要包括银行的长期借款、企业债券、售后回租、融资租赁等。股权融资主要包括 IPO（首次公开募股）、SPO（增发股票）、员工持股计划（Employee Stock Ownership Plans）、引入战略投资者等不同形式。对于不同期限、不同性质的融资方式，企业应充分了解其各自的特点，以便在转型升级过程中，根据所面临的具体状况选择合适的方式筹集资金，避免融资方式搭配不当给企业发展带来困扰。比如，如果企业过度依赖银行贷款，不但偿债压力大，而且一旦遇到银行压缩信贷规模，可能就会面临资金链断裂风险。另外，战略投资者的引入不仅能带来资金上的帮助，通常还能带来先进的管理经验，促进企业治理结构的改进，但会要求企业让渡一部分股权与决策权，这就要求企业高层管理者做好利弊权衡。在资金链面临断裂、其他融资途径受阻、企业经营持续性存疑的情况下，引入战略投资者不失为企业发展的良策。

6.7 政府应适时助推企业转型升级

企业对转型升级路径的选择，通常是在综合考虑内外部环境的条件下慎重决策的结果。政府作为企业外部环境中的重要影响因素，能够在环境的建构方面发挥举足轻重的作用，进而可以通过改变企业外部环境，促进企业转型升级。

（1）政府可以通过出台、完善、执行节能减排相关法律、规章、政策和文件，迫使企业转型升级。随着社会进步，环境保护、绿色发展问题引起了全人类的日益重视，人与自然和谐共处的呼声越来越高。中国也逐渐认识到粗放型的经济发展模式不仅严重影响了人们自身的生活质量，也会影响整个经济社会的可持续发展。为了应对气候变化、促进绿色低碳发展，中国已经出台了一系列与节能减排有关的法律、规章、政策和文件。

随着相关政策法规的陆续实施，中国的环境质量明显改善，能源消耗有所降低，大量企业实现了初步的转型升级，但与绿水青山的环境要求、能源节约型社会的标准还存在不小差距，中国企业转型升级的空间依然很大。所以，中国需要进一步加快节能减排的步伐，而且，节能减排在未来的很长时间内，都应当是国家发展经济的一项长远战略方针。在此方针的指导下，政府可以继续通过节能减排政策法规的制定、完善与执行，促使企业加强节能技术、清洁技术的研发，降低单位产品能耗，提高资源利用效率，降低乃至消除污染排放，实现清洁生产，推动企业转型升级。

（2）通过资金资助、贴息贷款、减免税款等方式为技术创新项目的实施提供帮助，降低企业转型升级的成本，提高企业转型升级的积极性。技术创新是企业转型升级的重要驱动力。改革开放以来，中国形成的粗放型经济发展模式的重要特征就是产品的技术含量低，对关键技术的掌控不足，以至于产品附加值比较低，很多企业在发展中受制于人。所以，大力提升企业的技术创新能力是改变落后被动局面的根本举措。根据目前的状况，政府可以通过资金资助、贴息贷款等方式为技术创新项目的实施提供帮助，还可以通过减免税款的方式鼓励企业提高研发投入，降低企业技术创新的成本，促进企业转型升级。

（3）通过财政、金融、税收、社会保障等多种政策手段与体制机制的完善，刺激与鼓励消费，提升国内的消费水平与消费层次，为企业转型升级提供动力。从世界发达国家的经验看，苛刻的、高水平的消费者以及合理的消费结构是企业转型升级的强大拉动力量，而温和的市场需求通常会扼杀企业的创新热情，不利于企业转型升级。因为苛刻的消费所形成的新的需要、新的消费热点引导着企业转型升级的方向。比如，日本国内市场对产品品质的要求很高，这就逼迫厂商不断提高质量，同时关注对环境的影响。美国在 20 世纪 30 年代大萧条时，通过扩大内需促进了经济复苏，也助推了企业的转型升级（李克，2014）。所以，加快城乡居民消费水平增长，培养严苛的消费者群体、促进消费的可持续发展对企业转型升级尤为重要。

世界上发达国家的最终消费占 GDP 的比重较高，一般都能达到60%至80%。改革开放之后的很长时间内，消费在中国的 GDP 总值中所占的比例一直较低，直到近几年才有所改观。据商务部发布的《2015 年消费市场发展报告》，直到 2015 年，中国消费率才首次突破 50%。国家统计局网站数据显示，2016 年消费对 GDP 贡献率为 64. 6%，比 2015 年高了 4. 7 个百分点。2017 年消费对 GDP 增长的贡献率又有所回落，达到 58. 8%。2018 年，最终消费支出对 GDP 增长的贡献率为 76. 2%，比上年提高 18. 6 个百分点。尽管近几年中国的消费水平有所提升，但居民整体储蓄率仍居世界首位，中国国内市场整体消费能力还有待进一步提升，对产品的品质要求不高、消费结构不合理仍是不争的事实。为了解决这些问题，政府可以通过各种政策、机制引导消费者转变消费观念，树立正确的消费观；通过政府采购等方式为创新产品提供市场，影响创新产品市场化的速度与收益，引导企业转型升级；大力拓宽就业渠道，增加居民收入，增强消费能力；完善分配制度，促进收入分配公平，提高社会总体消费水平；培育新的消费热点，加快消费结构升级；健全社会保障体系，提升居民的消费信心；开拓农村市场，开拓农村新的消费热点；稳定物价，提高人们的购买力。

（4）通过支持并鼓励对基础研究的投入，提升科技发展水平，为企业转型升级提供技术支撑。科学技术是第一生产力，是社会经济发展的重要支点。纵观人类社会的发展历史，尤其是近几百年来西方国家的发展过程，世界科技与经济中心的形成与转换，无一不是建立在关键的技术革命之上的。在技术革命的推动下，新兴企业不断产生，原有企业不断转型升级，最终推动国家经济的繁荣昌盛。然而，世界领先的前沿科学技术不会凭空产生，通常需要大量资金的长期持续投入。中国对科学技术的重视，是一个循序渐进的过程。比如，从研发强度看，中国的研发支出占 GDP 的比重在 1991 年时仅为 0. 7%，远低于世界平均水平；到了 2000 年，也仅达到了 0. 89%；2012 年则达到了 1. 98%，超过了加拿大、英国、意大利，并一举超过 OECD 国家的研发强度均值 1. 9%；2016 年中国的研发投入强度达到 2.12%，已经接近法国的 2.25%；2018 年，中国研发经费投入强度达到了 2.19%；2022 年，中国研发经费投入强度已经达到了 2.55%。从研发投入总量看，自 2013 年超过日本以来，中国的研发经费投入一直稳居世界第二。2022 年中国研发经费投入达 30870 亿元，首次突破 3 万亿元大关，是唯一一个能够与美国同体量竞争的国家。

总体来说，20 世纪 90 年代以来，中国研发投入的总量逐年加大，有力地推动了科技事业的发展与科技创新能力的提升，也为企业的快速发展提供了良好的科技支撑。所以，中国应根据目标导向、需求导向及问题导向，从国家及企业发展需要出发，进一步加大财政支持力度，完善鼓励研发投入的政策体系，引导社会各界加大对基础研究的投入，对可能引领第四次科技革命的前瞻性基础研究领域如石墨烯、核聚变、基因工程、人工智能、量子科学等进行全面布局，努力取得重大原创性突破，不断提升科技创新能力，为企业的转型升级提供有力的科技保障。

（5）通过制度的建设与完善为企业提供稳定的、可预期的制度环境，让企业愿意进行技术创新与价值创新方面的长期投资。合理的制度安排、良好的制度环境使企业的生产经营活动有明确的规则可以遵循，是企业安心发展的基础，也是企业愿意进行产品品质改善的重要保障。所以，为了促进企业转型升级，需要政府为企业提供尽可能公平的、可预见到的、大的发展脉络和方向（李克，2014）。

（6）通过培养与吸引优秀人才，为企业转型升级提供坚实的人才基础。科技与企业发展的历程表明，重大科技发明、关键核心技术的研发，关键在人才。人才是创新的根基，是企业转型升级的重要推动力量。2018 年，习近平总书记在参加第十三届全国人大一次会议广东代表团审议时，提出了人才是第一资源、创新是第一动力的重要论断，并强调强起来要靠创新、创新要靠人才。

中国政府要继续提高高等教育投入水平，提升高等教育人口比例，与此同时，继续打造世界顶尖大学，向社会输送高端技术与创新人才。另外，在激烈的世界人才竞争中，政府可以考虑制定特殊的人才引进政策，采取各种措施加强人才环境建设，将全球各地优秀的人才吸引到中国。通过内外兼修的方式，构筑人才高地，为企业的转型升级提供助力。

（7）通过政府采购，为技术创新提供稳定的市场需求，提高企业技术创新的积极性。政府采购的主体是政府，是一个国家内部最大的消费者，具有强大的购买力。早期的政府采购是为了满足本国社会公众的需求和保证政府日常公务事项的开展。随着经济社会发展，西方一些国家开始认识到，利用政府采购的强大购买力，能够发挥财政支出治理和国家宏观调控的双重功能。美国的政府采购立法可以追溯到 1809 年，距今已经 200 多年。据统计，美国的政府采购在 GDP 中的比重很高，1960 年、1970 年、1980 年分别为 19.8%、22.3%和 20.8%，在 20 世纪 90 年代每年政府采购的金额更是占其 GDP 的 26%~27%，占财政支出的比重为 30%左右。美国政府采购中很大一部分为军事订单，占其联邦采购整体规模的 70%左右，为军事生产提供了最大的稳定市场。美国利用政府采购，不仅确保了美国国内产品在政府采购中的优先权地位，还将采购合同授予中小型企业，对中小型企业提供价格优惠，为中小型企业提供了良好的发展环境（赵谦，2013）。除美国之外，很多西方国家的政府采购规模占 GDP 的比重都接近或超过 10%。比如，以 2004—2006 年统计数据加权平均来看，在欧盟成员国中，荷兰、捷克、斯洛伐克、匈牙利、英国政府采购比例较高，分别达到了 24.6%、24.1%、23.4%、19.8%和 18.0%；而立陶宛、西班牙、爱尔兰、塞浦路斯、希腊政府采购比例相对较低，分别达到了 14.25%、14.1%、12.6%、11.6%和 9.6%。

相对于西方国家，中国的政府采购法 2003 年 1 月 1 日才开始正式实施，起步较晚，而且政府采购的总体规模较小。根据财政部公布的信息，2003 年中国政府采购的规模为 1659.4 亿元，占全国财政支出和 GDP 的比重分别为 6.7%和 1.4%；2004 年为 2135.7 亿元，占全国财政支出和 GDP 的比重分别为 7.5%和 1.6%。此后政府采购的规模尽管在逐年增长，但总体规模还是不大。比如，2017 年中国政府采购的规模达 32114.3 亿元，比上年同口径增加 6382.9 亿元，增长 24.8%，占全国财政支出和 GDP 的比重分别为 12.2%和 3.9%；2018 年全国政府采购规模增幅趋缓，采购规模达 35861.4 亿元，较上年增长 11.7%，占全国财政支出和 GDP 的比重分别为 10.5%和 4%。尽管通过政府采购，支持了中小微企业的发展，发挥了对节能、节水以及环保产品的政策支持功能，但由于规模较小，发挥的宏观调控功能仍然有限。未来可以通过继续扩大政府采购的规模，通过设计合理的政府采购方案，利用政府采购的强大购买力，支持企业在新兴技术、前沿技术、行业关键与核心技术方面的创新，促进企业不断淘汰落后技术、落后产能，助推企业转型升级。

总之，对于企业的转型升级，政府能发挥重要作用。但是，这并不意味着政府需要介入企业转型升级的全过程，要做到“有所为有所不为”。一般来说，当目前的政策法规、制度建设阻碍企业转型升级时，政府应对相关的法规、政策、制度进行完善、补充、修改、重建，甚至适时推出新的政策法规；当企业本身、市场的力量已经能够推动转型升级的顺利进行时，政府是无须参与企业的转型升级过程；当企业本身转型升级动力不足时，政府应当担当企业转型升级的助推剂；当企业转型升级过程中遇到技术、人才、资金、管理等方面的问题时，政府应提供有效的帮助。

6.8 本章小结

企业的转型升级不会自然而然地发生，它需要一系列措施的支持。本章主要围绕着价值创新实现、技术创新实现、管理者认知提升、政府作用等方面，对促进转型升级实现的一些条件进行了阐述，可以得到以下主要结论。

（1）为了推动价值创新的实现，企业需要做到：第一，基于权变理论来构建顾客价值分析框架，并利用该框架对顾客价值进行分析。第二，融合顾客价值理论，构建合适的价值创新商业模式。第三，通过价值链垂直集成、价值链内部集成、价值链收缩与重构、价值链网络化、价值链跨越、价值链深化、价值链延伸等不同方式对价值链进行分解与整合，促进价值创新的实现。

（2）通过增加研发投入、构建协同创新网络，可以有效提升企业的技术创新能力。大量的研发投入是增强自主创新能力、掌握关键核心技术的基本保证。为了充分利用来自网络的利益，企业管理者应充分重视社会网络的作用、注重对网络知识的获取、积极构建内部吸收能力、谨慎选择合作伙伴，并能够选择合适的协同创新模式。

（3）高层管理者为了提升认知能力，需要具有忧患意识、将资源能力进行整合与重构的意识、将技术创新与价值创新合理匹配的意识、学习意识、结合企业属性选择转型升级路径的意识。

（4）企业的融资能力无论是对技术创新的实现，还是对价值创新的实现，都是非常重要的。所以，企业应加强融资能力建设，以便根据企业转型升级需要选择合适的融资方式，保障资金供应。

（5）企业在选择转型升级路径时，应考虑自身的属性特征。不同属性的企业在适用的转型升级类型方面有一定差异。所以，企业在选择转型升级路径时，应根据对企业自身属性的定位，进行合理选择。

（6）在企业转型升级过程中，政府能发挥重要作用。具体来说，政府可以运用法规制定、政府采购、资金资助、贴息贷款、研发投入、政策引导、制度建设等方式，适时助推企业转型升级。

7

结论与展望

7.1 研究结论

中国经济转型升级的基石是企业的转型升级，而企业转型升级的关键在于选择合适的转型升级路径。本书综合运用文献研究、理论分析、专家咨询、实地访谈以及案例分析等方法，基于技术创新理论和价值创新理论，对技术创新和价值创新之间的关系进行了探讨，分析了技术创新和价值创新的耦合关系并从二者之间的耦合关系出发揭示了企业转型升级的路径类型，剖析了企业转型升级路径选择背后的支配机制，提出了企业转型升级的实现策略，主要得出了以下研究结论。

（1）技术创新与价值创新之间关系的模糊性不利于创新理论与实践的发展。技术创新强调供给方技术力量的提升，价值创新强调为买方创造价值的飞跃，各自侧重点与理论逻辑的不同决定了二者具有鲜明的特点，但最终目标的一致性又决定了二者有紧密的联系。在微观层面，技术创新与价值创新之间存在无技术创新的价值创新和无价值创新的技术创新两种分离状态，以及技术创新包含价值创新、价值创新包含技术创新、技术创新等于价值创新和技术创新与价值创新部分重叠四种融合状态，而且，技术创新和价值创新之间的关系状态不是静止的、固定不变的，而是可以相互转化的。

（2）技术创新与价值创新通过不同的机制作用于企业转型升级过程。技术创新影响企业转型升级的基本机制是技术的变化或技术含量的提升。从顾客价值变化与否的视角分析，技术创新对企业转型升级的作用机制具体表现为顾客价值相关升级、顾客价值无关升级两种方式。价值创新影响企业转型升级的基本机制是顾客价值的变化。从技术变化与否的视角分析，价值创新对企业转型升级的作用机制具体表现为技术变化相关升级、技术变化无关升级两种方式。

（3）技术创新与价值创新之间存在三种非直接耦合关系：技术创新单独存在、价值创新单独存在、技术创新与价值创新平行；三种直接耦合关系：技术创新包含价值创新、价值创新包含技术创新、技术创新和价值创新交互存在。这些耦合关系表明技术创新和价值创新既可以独立存在，也可以交互影响、相互依存。二者耦合关系的具体情形如何，取决于企业对二者的调用和配置。

（4）技术创新和价值创新的不同耦合关系分别决定了企业转型升级的不同路径。根据技术创新与价值创新的耦合关系，企业的转型升级路径可以分为六种基本类型：技术创新独占型、价值创新独占型、技术创新与价值创新并列型、技术创新引领型、价值创新引领型、技术创新与价值创新并进型。其中，按照企业对技术创新和价值创新考虑的优先次序不同，技术创新和价值创新并进型路径又可以细分为两种路径类型：技术创新牵引、价值创新配合与放大型；价值创新牵引、技术创新配合与放大型。这些升级路径具有不同的特点、关注焦点、适用条件、升级机制、对企业的能力要求，不同路径所带来的升级效果也会因“适用条件”变化，或相关的“能力要求”无法达到而失去其持久性。除此之外，不同的转型升级路径在适用的企业属性方面也有一定的差异。

（5）不同的转型升级路径可以相互转化，而且企业在不同时期还可以采用相同的升级路径。三全食品的案例分析显示，企业第一次转型升级采用的路径不同于第二次、第三次转型升级采用的路径，但后面两次采用的转型升级路径是相同的；对鸽瑞公司的案例分析显示，其两次转型升级的路径是一样的。研究结果说明，一方面，不同的转型升级路径可能适用于企业发展的不同阶段，不同路径之间是可以相互转化的。另一方面，根据转型升级需要，企业可以在不同时期采用相同的升级路径，分别服务于企业不同时期的升级要求。应当注意的是，同一家企业在不同时期采用的路径虽然可能相同，但与路径相伴随的具体措施已经发生了变化。

（6）转型升级路径选择的前提是转型升级决策的做出，而高层管理者认知是企业整个转型升级过程的逻辑起点，其无论是对转型升级决策的做出还是决策做出之后的路径选择，均具有支配作用；高层管理者的洞察性认知和重塑性认知状况共同决定了企业转型升级决策的做出；高层管理者的匹配性认知状况直接决定了企业选择的转型升级路径，从而也解释了企业转型升级路径选择的异质性。

（7）为了促进企业转型升级，需要从价值创新实现、技术创新实现、管理者认知提升、政府作用等方面，综合分析能够采取的有效对策。研究显示，为了推动价值创新，企业不但要基于权变理论构建顾客价值分析框架并利用该框架对顾客价值进行分析，构建合适的价值创新商业模式，还要通过价值链垂直集成、价值链内部集成、价值链收缩与重构、价值链网络化、价值链跨越、价值链深化、价值链延伸等不同方式对价值链进行分解与整合，促进价值创新的实现。为了提升技术创新能力，企业应增加研发投入、充分重视社会网络的作用、注重对网络知识的获取、积极构建内部吸收能力、谨慎选择合作伙伴，并能够选择合适的协同创新模式。高层管理者为了提升认知能力，需要具有忧患意识、将资源能力进行整合与重构的意识、将技术创新与价值创新合理匹配的意识、学习意识、结合企业属性选择转型升级路径的意识。企业应加强融资能力建设，以便根据企业转型升级需要，选择合适的融资方式，保障资金供应。政府可以运用法规制定、资金资助、贴息贷款、政策引导、制度建设、政府采购等方式，助推企业转型升级。

7.2 研究不足与展望

本书仍然存在一些缺憾，有待在未来研究中予以改进和完善。

（1）本书提出的企业转型升级路径类型多样，但仅选择了两家企业的转型升级案例进行分析，案例数量有限，案例中体现的转型升级路径也是有限的，没有体现所提出的所有转型升级路径类型，这可能会影响研究结论的说服力。未来应选择来自更多产业的典型企业进行剖析，通过多案例对比分析的方式，考察不同企业转型升级路径的独特性与共同点，揭示路径选择背后的支配机制，总结转型升级路径的内在规律，努力增加所提出的转型升级路径类型及其选择理论的可靠性。

（2）本书虽然揭示了高层管理者的洞察性认知、重塑性认知和匹配性认知对转型升级的重要性，并提出了提升高层管理者认知的对策，但对于这些认知背后的影响因素，还有待进一步的理论探讨与实证检验。

（3）对企业属性的划分具有一定的主观性，对企业属性与转型升级路径之间关系的讨论也主要停留在定性分析层面，尚缺乏大样本的实证检验。如何用更客观的标准来刻画企业属性，如何有效检验企业属性与转型升级路径之间的关系，都是有待进一步探讨的问题。

（4）本书是基于对技术创新和价值创新关系、企业转型升级路径类型以及企业转型升级路径选择机理的探讨，结合对案例企业转型升级历程的思考，提出了企业转型升级的实现对策。但企业转型升级是一项复杂的系统工程，本书提出的实现对策可能并没有涵盖影响企业转型升级的所有因素。除了本书提出的实现策略，如何挖掘影响企业转型升级实现的其他因素也是未来研究需要考虑的问题。

参考文献

［1］白琳，陈圻．顾客感知价值驱动因素研究新进展［J］．外国经济与管理，2006，28（7）：39-45.

［2］陈劲，蒋子军，陈钰芬．开放式创新视角下企业知识吸收能力影响因素研究［J］．浙江大学学报（人文社会科学版），2011，41（5）：71-82.

［3］陈辉．工业大省强势崛起，河南制造走向世界［N］．河南日报，2019-10-16.

［4］陈韦江．顾客价值管理驱动企业价值提升路径分析［J］．技术经济与管理研究，2013（7）：75-80.

［5］成海清，李敏强．顾客价值概念内涵、特点及评价［J］．西北农林科技大学学报（社会科学版），2007，7（2）：34-38.

［6］程立茹．实现价值创新的技术创新路径研究［J］．科技进步与对策，2007（4）：34-36.

［7］程立茹，周煊．价值创新：技术创新战略的新视角［J］．科学学与科学技术管理，2006（8）：56-59.

［8］迟晓英，宣国良．价值链研究发展综述［J］．外国经济与管理，2000，22（1）：25-30.

［9］戴勇．基于服务主导逻辑的 PBC 模式价值创新机理研究［J］．科研管理，2014，35（7）：67-74.

［10］丹尼尔·贝尔．后工业社会的来临［M］．北京：商务印书馆，1984.

［11］党兴华，李莉．技术创新合作中基于知识位势的知识创造模型研究［J］．中国软科学，2005（11）：143-148.

[12] 邓少军. 高层管理者认知与企业动态能力演化 [D]. 上海：复旦大学，2010.

[13] 邓少军，芮明杰. 高层管理者认知与企业双元能力构建——基于浙江金信公司战略转型的案例研究 [J]. 中国工业经济，2013 (11)：135-147.

[14] 杜婉音. 价值链视角下 O2O 模式价值创新探讨 [J]. 商业经济研究，2018 (14)：16-18.

[15] 范秀成，罗海成. 基于顾客感知价值的服务企业竞争力探析 [J]. 南开管理评论，2003 (6)：41-45.

[16] 封凯栋，沈群红. 面向创新发展的资源配置——基于认知与创新投资关系的视角 [J]. 科学学研究，2013，31 (1)：123-130，140.

[17] 傅家骥. 技术创新学 [M]. 北京：清华大学出版社，1998.

[18] 工业和信息化部. 成就举世瞩目　发展永不止步 [N]. 人民日报，2019-09-21.

[19] 关晶奇，翟木林，武皖. 国际化与价值创新模式分析——基于发展中国家企业调研数据的研究 [J]. 国际经贸探索，2017，33 (8)：57-69.

[20] 海尔集团 PSI. 做时代的企业——互联网时代，海尔转型创造用户价值 [J]. 轻工标准与质量，2013 (1)：14-15，20.

[21] 何志毅. 中国消费者的产品利益偏好研究——基于耐用消费品的探索性研究 [J]. 管理世界，2005 (3)：115-121.

[22] 胡大立. 基于价值网模型的企业竞争战略研究 [J]. 中国工业经济，2006 (9)：87-93.

[23] 胡志坚. 中国成为全球第二大研发投入和知识产出大国 [N]. 光明日报，2019.

[24] 黄晓芬，彭正银. 高层管理者认知视角下网络组织演化的动因与模式研究：综述与展望 [J]. 外国经济与管理，2018，40 (6)：99-115.

[25] 江诗松，龚丽敏，魏江. 转型经济中后发企业的创新能力追赶路径：国有企业和民营企业的双城故事 [J]. 管理世界，2011 (12)：96-115.

［26］江诗松，龚丽敏，魏江．后发企业能力追赶研究探析与展望［J］．外国经济与管理，2012，34（3）：57-64，71.

［27］焦丽娜，江若尘．顾客感知价值及其驱动因素的研究述评［J］．冶金经济与管理，2008（2）：35-38.

［28］［美］克里斯·安德森．长尾理论：为什么商业的未来是小众市场［M］．乔江涛，石晓燕译，北京：中信出版社，2015.

［29］柯青．价值创新——创新顾客价值［J］．商业研究，2003（16）：38-40.

［30］孔伟杰．制造业企业转型升级影响因素研究——基于浙江省制造业企业大样本问卷调查的实证研究［J］．管理世界，2012（9）：120-131.

［31］李克．转型升级：中国企业怎么办？［M］．北京：新华出版社，2014.

［32］李旭文，齐中英．企业战略变革过程中的冲突影响研究——基于认知的视角［J］．系统工程理论与实践，2019，39（5）：1246-1255.

［33］李友．方正的价值创新之路［J］．清华管理评论，2013（2）：30-39.

［34］林毅夫．过去30年中国的经济成就堪称一大“奇迹”［EB/OL］．http：//finance. qq. com/original/caijingzhiku/lyf. html，2017.

［35］刘锦英．核心企业自主创新网络演化机理研究——以鸽瑞公司冷轧钢带自主创新为例［J］．管理评论，2014，26（2）：157-164.

［36］刘锦英．核心企业选择网络外部行动者的策略：行动者特性视角［J］．管理评论，2015，27（7）：177-186.

［37］刘锦英．技术创新与价值创新的关系状态：分离与融合［J］．科学管理研究，2018（6）：18-21.

［38］刘锦英．融合顾客价值理论的价值创新商业模式发展研究［J］．河南大学学报（社会科学版），2021，61（1）：71-76.

［39］刘锦英，聂鸣．产业集群的创新动力及其形成机制分析［J］．经济经纬，2006（3）：40-43.

［40］刘锦英，聂鸣，孙理军．基于企业升级视角的企业创新能力内

涵及特性分析［J］. 科学管理研究，2006，24（3）：8-12.

［41］刘锦英，王文文．传统制造企业价值创新的实现途径：价值链视角［J］. 科学管理研究，2019，37（4）：87-91.

［42］刘锦英，徐海伟．企业转型升级路径研究：技术创新与价值创新耦合视角［J］. 科学管理研究，2022，40（2）：96-104.

［43］刘迎秋，王红领．中国民营企业竞争力报告 No. 6（2012）——转型升级与竞争力指数［C］. 北京：社会科学文献出版社，2013.

［44］刘迎秋，王红领．转型升级：新阶段民营企业实现更大发展的必然选择［A］. 中国民营企业竞争力报告［C］. 北京：社会科学文献出版社，2013.

［45］刘洋，魏江，江诗松．后发企业如何进行创新追赶？研发网络边界拓展的视角［J］. 管理世界，2013（3）：96-110.

［46］刘洋，应瑛，范志刚．商业模式与技术能力共演机制研究——以聚光科技为案例［J］. 自然辩证法通讯，2014，36（5）：65-72.

［47］刘志彪．全球化背景下中国制造业升级的路径与品牌战略［J］. 财经问题研究，2005（5）：25-31.

［48］吕富彪．辽宁高端装备制造业技术创新能力提升的演进路径研究［J］. 科学管理研究，2018（1）：46-49.

［49］罗珉，马柯航．后发企业的边缘赶超战略［J］. 中国工业经济，2013（12）：91-103.

［50］罗永泰．基于价值创新的产品需求挖掘与开发实证研究——以葡萄酒行业为例［J］. 科学学与科学技术管理，2006（8）：137-142.

［51］毛基业，李高勇．案例研究的“术”与“道”的反思——中国企业管理案例与质性研究论坛（2013）综述［J］. 管理世界，2014，2：111-117.

［52］毛蕴诗，姜岳新，莫伟杰．制度环境、企业能力与 OEM 企业升级战略——东菱凯琴与佳士科技的比较案例研究［J］. 管理世界，2009（6）：135-145，157.

［53］毛蕴诗，金雨晨，李杰．加工贸易相关产业转型升级研究——以广东省纺织服装业为例［J］. 当代经济管理，2012（8）：58-63.

［54］毛蕴诗，李田．行业边界模糊背景下的跨产业升级与 S-O-S 模型——基于乔布斯苹果成功实践的理论提炼［J］．中山大学学报（社会科学版），2014，54（2）：184-191.

［55］毛蕴诗，罗顺均，熊炼．基于专用技术深化和应用领域拓展的企业升级——针对大族激光的案例研究与理论模型的提炼［J］．学术研究，2013（9）：57-65，159.

［56］毛蕴诗，王华．基于行业边界模糊的价值网分析模式——与价值链模式的比较［J］．中山大学学报，2008，48（1）：156-161.

［57］毛蕴诗，温思雅．基于产品功能拓展的企业升级研究［J］．学术研究，2012（5）：75-82.

［58］毛蕴诗，吴瑶，邹红星．我国 OEM 企业升级的动态分析框架与实证研究［J］．学术研究，2010（1）：63-69，77.

［59］毛蕴诗，张伟涛，魏姝羽．企业转型升级：中国管理研究的前沿领域：基于 SSCI 和 CSSCI（2002—2013 年）的文献研究［J］．学术研究，2015（1）：72-82，159-160.

［60］毛蕴诗，郑奇志．基于微笑曲线的企业升级路径选择模型——理论框架的构建与案例研究［J］．中山大学学报（社会科学版），2012，52（3）：162-174.

［61］孟东晖，李显君，梅亮，等．核心技术解构与突破："清华-绿控" AMT 技术 2000～2016 年纵向案例研究［J］．科研管理，2018，39（6）：75-84.

［62］聂正安，钟素芳．我国企业升级路径的现实选择：OEM 阶段内升级［J］．广东商学院学报，2010（2）：30-36.

［63］牛卫国，杨桦啸．经济英雄陈泽民体验领跑［N］．中华工商时报，2002-09-20.

［64］欧阳桃花，曾德麟，崔争艳，等．基于能力重塑的互联网企业战略转型研究：百度案例［J］．管理学报，2016，13（12）：1745-1755.

［65］邱伟年．企业社会资本、组织学习与经营绩效：转型升级的机制和路径——对格力电器案例的研究，学术研究，2012（6）：80-85，160.

［66］任家华，牟绍波．企业创新升级机制研究：全球价值链视角

[J]. 科技管理研究，2009（7）：44-46，53.

[67] 时乐乐，赵军. 环境规制、技术创新与产业结构升级[J]. 科研管理，2018，39（1）：119-125.

[68] 田金梅，汪纯孝. 顾客的消费价值模型述评[J]. 现代管理科学，2007（7）：15-17.

[69] [美] W. 钱·金，勒妮·莫博涅. 蓝海战略[M]. 吉宓译，北京：商务印书馆，2016.

[70] 王锋正，杜栋，王春博. 价值创新视角下开放型商业模式研究——以小米公司为例[J]. 科技进步与对策，2015，32（19）：72-78.

[71] 汪建成，毛蕴诗. 从OEM到ODM、OBM的企业升级路径——基于海鸥卫浴与成霖股份的比较案例研究[J]. 中国工业经济，2007（12）：110-116.

[72] 汪建成，毛蕴诗，邱楠. 由OEM到ODM再到OBM的自主创新与国际化路径——格兰仕技术能力构建与企业升级案例研究[J]. 管理世界，2008（6）：148-155，160

[73] 王雎，曾涛. 开放式创新：基于价值创新的认知性框架[J]. 南开管理评论，2011，14（2）：114-125.

[74] 王升生. 经济民主、市场均势与民族企业创新[J]. 经济研究参考，2009（37）：33-38.

[75] 王迎军，曲亚民. 价值创新：利基、途径与风险[J]. 南开管理评论，2002（1）：4-8.

[76] 王瑜. 模块化组织价值创新——内涵与本质[J]. 科学学研究，2014，32（2）：282-288.

[77] 王瑜，任浩. 模块化组织价值创新：内涵与本质[J]. 科学学研究，2014，32（2）：282-288.

[78] 魏江. 企业技术能力论——技术创新的一个新视角[M]. 北京：科学出版社，2002.

[79] 吴贵生. 技术创新管理[M]. 北京：清华大学出版社，2000.

[80] 吴海平，宣国良. 价值链系统构造及其管理演进[J]. 外国经济与管理，2003，25（3）：19-23.

［81］吴家曦，李华燊．浙江省中小企业转型升级调查报告［J］．管理世界，2009（8）：1-5.

［82］吴晓波．转型升级的七条路径［EB/OL］．2017-10-0720：48：10.

［83］吴应良，蔡凯佳．基于服务主导逻辑的价值创新分析模型：以网络众筹为例［J］．中国科技论坛，2016（7）：23-29.

［84］希文．任正非内部讲话［M］．哈尔滨：哈尔滨出版社，2018.

［85］徐宏玲．模块化组织价值创新原理、机制及理论挑战［J］．中国工业经济，2006（3）：83-91.

［86］许婷，陈礼标，程书萍．蓝海战略的价值创新内涵及案例分析［J］．科学学与科学技术管理，2007（7）：54-58.

［87］杨桂菊．代工企业转型升级：演进路径的理论模型——基于3家本土企业的案例研究［J］．管理世界，2010（6）：132-142.

［88］杨金海，吕增奎．国外学者眼中的中国改革开放［N］．北京日报，2008-12-29.

［89］杨晓燕，周懿瑾．绿色价值：顾客感知价值的新维度［J］．中国工业经济，2006（7）：110-116.

［90］杨震宁，范黎波，李东红．是“腾笼换鸟”还是做“隐形冠军”——加工贸易企业转型升级路径多案例研究［J］．经济管理，2014（11）：68-80.

［91］姚威．产学研合作创新的知识创造过程研究［D］．杭州：浙江大学，2009.

［92］依绍华．基于价值链视角的O2O模式价值创新——以美乐乐家居网和钻石小鸟为例［J］．中国流通经济，2016，30（9）：85-91.

［93］易显飞．技术创新价值取向的历史演变研究［M］．沈阳：东北大学出版社，2009.

［94］［美］Yin R. K. 案例研究：设计与方法［M］．周海涛，李永贤，李虔译，重庆：重庆大学出版社，2012.

［95］曾萍，刘洋，应瑛．转型经济背景下后发企业创新追赶路径研究综述——技术创新抑或商业模式创新？［J］．研究与发展管理，2015，27

（3）：1-7.

［96］［美］詹姆斯·迈天．大转变［M］．李东贤，等译，北京：清华大学出版社，2000.

［97］张钢，张灿泉．基于组织认知的组织变革模型［J］．情报杂志，2010，29（5）：6-11.

［98］张光宇，崔今天，欧春尧，等．海外情境下本土后发企业颠覆性创新演化路径研究——价值创新视角［J］．科技进步与对策，2022，39（22）：103-112.

［99］张军，许庆瑞．管理者认知特征与企业创新能力关系研究［J］．科研管理，2018，39（4）：1-9.

［100］张建平，沈博．改革开放40年中国经济发展成就及其对世界的影响［EB/OL］．2018-05-15.

［101］张威．价值创新与价值链的组合分析［J］．未来与发展，2006，（9）：51-54.

［102］张新安．中国消费者的顾客价值形成机制：以手机为对象的实证研究［J］．管理世界，2010（1）：107-121，188.

［103］张英华，李奕．苹果公司的价值创新和执行力研究［J］．华东经济管理，2012，26（6）：96-100.

［104］赵谦．美国政府采购的特点及经验借鉴［J］．中国招标，2013（27）：5-9.

［105］周云杰．推进互联网时代企业制度创新［EB/OL］．人民网，2016-08-16.

［106］［日］竹本次郎．从劳动密集到技术密集的转型［M］．日本文摘杂志社，1989.

［107］邹波，于渤，卜琳华．面向企业技术创新的校企知识转移作用机理——基于370家企业的实证研究［J］．科学学研究，2012，30（7）：1048-1055.

［108］Adner R，Helfat C E. Corporate Effects and Dynamic Managerial Capabilities［J］. Strategic Management Journal，2003，24（10）：1011-1025.

［109］Amabile T M. A Model of Creativity and Innovation in Organizations

[J]. Research in Organizational Behavior, 1996 (10): 123-167.

[110] Amit R, Zott C. Value Creation in E-business [J]. Strategic Management Journal, 2001, 22 (6): 493-520.

[111] Amsden A H. Asia's Next Giant-How Korea Competes in the World-economy [J]. Technology Review, 1989, 92 (4): 46-53.

[112] Barney J. Firm Resources and Sustained Competitive Advantage [J]. Journal of Management, 1991 (17): 99-120.

[113] Barr P S, Stimpert J L, Huff A S. Cognitive Change, Strategic Action, and Organizational Renewal [J]. Strategic Management Journal, 1992, 13 (S1): 15-36.

[114] Becheikh N, Landry R, Amara N. Lessons from Innovation Empirical Studies in the Manufacturing Sector: A Systematic Review of the Literature from 1993—2003 [J]. Technovation, 2006 (26): 644-664.

[115] Blumenthal B, Haspeslagh P. Toward a Definition of Corporate Transformation [J]. Sloan Management Review, 1994, 35 (3): 101-106.

[116] Bogner W, Barr P. Making Sense in Hypercompetitive Environments: A Cognitive Explanation for the Persistence of High Velocity Competition [J]. Organization Science, 2000, 11 (2): 212-226.

[117] Bowman C. Perception of Strategy, Realised Strategy, Consensus and Performance [D]. Unpublished PhD thesis, Cranfield Institute of Technology, 1991.

[118] Brown R. Managing the S Curves of Innovation [J]. The Journal of Consumer Marketing, 1992, 9 (1): 61-72.

[119] Cho D S, Kitn D J, Rhee D K. Latecomer Strategies: Evidence from the Semiconductor Industry in Japan and Korea [J]. Organization Science, 1998, 9 (4): 489-505.

[120] Cockburn I, Henderson R, Stern S. Untangling the Origins of Competitive Advantage [J]. Strategic Management Journal, 2000, 21: 1123-1146.

[121] Cohen W M, Levinthal D A. Absorptive Capacity: A New Perspective on Learning and Innovation [J]. Administrative Science Quarterly, 1990,

35 (1): 128-152.

[122] Cronbach L J, Meehl P. Construct Validity in Psychological Tests [J]. Psychological Bulletin, 1955, 52 (2): 281-302.

[123] Crossan M M, Apaydin M. A Multi-dimensional Framework of Organizational Innovation: A Systematic Review of the Literature [J]. Journal of Management Studies, 2010, 47 (6): 1154-1191.

[124] Daft R L. A Dual-core Model of Organizational Innovation [J]. Academy of Management Journal, 1978 (21): 193-210.

[125] Damanpour F. Organizational Innovation: A Meta-analysis of Effects of Determinants and Moderators [J]. Academy of Management Journal, 1991, 5 (34): 555-590.

[126] Damanpour F, Evan W M. Organizational Innovation and Performance: The Problem of Organizational Lag [J]. Administrative Science Quarterly, 1984 (29): 392-409.

[127] Damanpour F, Gopalakrishnan S. Theories of Organizational Structure and Innovation Adoption: The Role of Environmental Change [J]. Journal of Engineering and Technology Management, 1998 (15): 1-24.

[128] Daniels K, Johnson G, Chernatony L D. Differences in Managerial Cognitions of Competition [J]. British Journal of management, 1994, 5: S21-29.

[129] Danneels E. Trying to Become a Different Type of Company: Dynamic Capability at Smith Corona [J]. Strategic Management Journal, 2010, 32 (1): 1-31.

[130] Day D V, R G Lord. Expertise and Problem Categorisation: The Role of Expert Processing in Organizational Sense Making [J]. Journal of Management Studies, 1992 (29): 3547.

[131] D'Aunno T, Succi M, Alexander J A. The Role of Institutional and Market Forces in Divergent Organizational Change [J] . Administrative Science Quarterly, 2000, 45 (4): 679 -703.

[132] Desarbo W S, Jedidi K, Sinha I. Customer Value Analysis in a

Heterogeneous Market [J]. Strategic Management Journal, 2001, 22 (9): 845-857.

[133] de Valck K, van Bruggen G H, Wierenga B. Virtual Communities: A Marketing Perspective [J]. Decision Support Systems, 2009, 47: 185-203.

[134] Dewar R D, Dutton J E. The Adoption of Radical and Incremental Innovations: An Empirical Analysis [J]. Management Science, 1986 (32): 1422-1433.

[135] Dillon T A, Lee R K, Matheson D. Value Innovation: Passport to Wealth Creation [J]. Research - Technology Management, 2005, 48 (2): 22-36.

[136] Dodds W B, Monroe K B. The Effect of Brand and Price Information on Subjective Product Evaluations [A]. In Hirschman E C, Holbrook M B (Eds.), Advances in Consumer Research [C]. Provo, UT: Association for Consumer Research, 1985.

[137] Downs G W, Mohr L B. Conceptual Issues in the Study of Innovation [J]. Administrative Science Quarterly, 1976, 21 (4): 700-715.

[138] Drucker P. Innovation and Entrepreneurship: Practice and Principles [M]. New York: Harper and Row, 1985.

[139] Eden C. Using Cognitive Mapping for Strategic Options Development and Analysis (SODA) [A]. In J. Rosenheae (Ed.), Rational Analysis for a Problematic World [C]. Chichester: Wiley, 1989.

[140] Edvardsson B, Tronwoll B, Gruber T. Expanding Understanding of Service Exchange and Value Co-creation: A Social Construction Approach [J]. Journal of the Academic Marketing Science, 2011, 39 (10): 327-339.

[141] Eggert A, Ulaga W. Customer Perceived Value: A Substitute for Satisfaction in Business Markets? [J]. The Journal of Business & Industrial Marketing, 2002 (17): 107-118.

[142] Eisenhardt K M. Building Theories from Case Study Research [J]. Academy of Management Review, 1989, 14 (4): 532-550.

[143] Fiol C M, O'Connor E J. Waking up! Mindfulness in the Face of

Bandwagons [J]. Academy of Management Review, 2003, 28 (1): 54-70.

[144] Floh A, Zauner A, Koller M, et al. Customer Segmentation using Unobserved Heterogeneity in the Perceived-value-loyalty-intentions Link [J]. Journal of Business Research, 2014, 67 (5): 974-982.

[145] Freeman C. The Nature of Innovation and the Evolution of the Productive System [A]. In Technology and Productivity: the Challenge for Economic Policy [C]. Paris: OECD, 1991.

[146] Gale B T, Wood R C. Managing Customer Value: Creating Quality and Service That Customers can See [M]. New York: Free Press, 1994.

[147] Gallarza M G, Gil-Saura I, Holbrook M B. The Value of Value: Further Excursions on the Meaning and Role of Customer Value [J]. Journal of Consumer Behaviour, 2011, 10 (4): 179-191.

[148] Garcia R, Calantone R. A Critical Look at Technological Innovation Typology and Innovativeness Terminology: A Literature Review [J]. Journal of Product Innovation Management, 2002, 19 (2): 110-132.

[149] Gereffi G. International Trade and Industrial Upgrading in the Apparel Commodity Chain [J]. Journal of International Economics, 1999, 48 (1): 37-70.

[150] Gilbert C G. Change in the Presence of Residual Fit: Can Competing Frames Coexist? [J]. Organization Science, 2006, 17 (1): 150-167.

[151] Graf A, Maas P. Customer Value from a Customer Perspective: A Comprehensive Review [J]. Journal für Betriebswirtschaft, 2008, 58 (1): 1-20.

[152] Gripsrud G, K Gronhaug. Structure and Strategy in Grocery Retailing: A Sociometric Approach [J]. Journal of Industrial Economics, 1985 (33): 339-347.

[153] Guiette A, Vandenbempt K. Exploring Team Mental Model Dynamics during Strategic Change Implementation in Professional Service Organizations. A Sensemaking Erspective [J]. European Management Journal, 2013, 31 (6): 728-744.

[154] Gupta A K, Govindarajan V. Knowledge Flows Within Multinational Corporations [J]. Strategic Management Journal, 2000, 21 (4): 473-496.

[155] Hambrick D C. Upper Echelons Theory: An Update [J]. Academy of Management Review, 2007 (32): 334-343.

[156] Hambrick D C, Mason P A. Upper Echelons: The Organization as a Reflection of Its Top Managers [J]. Academy of Management Review, 1984, 9 (2): 193-206.

[157] Hardy C, Phillips N, Lawrence T B. Resource, Knowledge and Influence: The Organizational Effects of Interorganizational Collaboration [J]. Journal of Management Studies, 2003, 40 (2): 321-347.

[158] Hobday M, Singh K. Innovation in East Asia: The Challenge to Japan [M]. Edward Elgar Aldershot, 1995.

[159] Holbrook M B, Corfman K P. Quality and Value in the Consumption Experience: Phaedrus Rides Again [A]. In Jacoby J, Olson J C (Eds.), Perceived Quality: How Consumers View Stores and Merchandise [C]. Lexington, MA: Lexington Books, 1985.

[160] Holbrook M B. The Nature of Customer Value, an Axiology of Services in the Consumption Experience [M]. Thousand Oaks, CA: Sage, 1994.

[161] Holbrook M B. Special Session Summary: Customer Value – a Framework for Analysis and Research [J]. Advances in Consumer Research, 1996, 23: 138-142.

[162] Huff A S. Industry Influences on Strategy Formulation [J]. Strategic Management Journal, 1982 (3): 119-130.

[163] Humphrey J, Schmitz H. Governance and Upgrading: Linking Industrial Cluster and Global Value Chain Research [A]. IDS Working Paper 120 [C]. Brighton: Institute of Development Studies, 2000.

[164] Humphrey J, Schmitz H. How Does Insertion in Global Value Chains Affect Upgrading in Industrial Clusters? [J]. Regional Studies, 2002, 36 (9): 27-101.

[165] Jensen H R. Antecedents and Consequences of Consumer Value As-

sessments: Implications for Marketing Strategy and Future Research [J]. Journal of Retailing and Consumer Services, 2001, 8 (6): 299-310.

[166] Johnson G. Strategic Change and the Management Process [M]. Blackwell, Oxford, 1987.

[167] Kaufman J J. Value Management: Creating Competitive Advantage, Best Management Practices Series [M]. Crisp Publications, Menlo Park, CA, 1998.

[168] Khalifa A S. Customer Value: A Review of Recent Literature and an Integrative Configuration [J]. Management Decision, 2004, 42 (5): 645-666.

[169] Kim W C, Mauborgne R. Value Innovation: The Strategic Logic of High Growth [J]. Harvard Business Review, 1997, January-February: 103-112.

[170] Kim W C, Mauborgne R. Strategy, Value Innovation and the Knowledge Economy [J]. Sloan Management Review, 1999, Spring: 41-54.

[171] Kim W C, Mauborgne R. Value Innovation: A Leap into the Blue Ocean [J]. Journal of Business Strategy, 2005, 26 (4): 22-28.

[172] Koller M, Floh A, Zauner A. Further Insights into Perceived Value and Consumer Loyalty: A "Green" Perspective [J]. Psychology & Marketing, 2011, 28 (12): 1154-1176.

[173] Kotler P. Customer Value Management [J]. Journal of Creating Value, 2017, 3 (2): 170-172.

[174] Kumar V, Reinartz W. Creating Enduring Customer Value [J]. Journal of Marketing, 2016, 80 (6): 36-68.

[175] Kumaraswamy A, Mudambi R, Saranga H, et al. Catch-up Strategies in the Indian auto Components Industry: Domestic Firms' Responses to Market Liberalization [J]. Journal of International Business Studies, 2012, 43 (4): 368-395.

[176] Lam S Y, Shankar V, Erramilli M K. Customer Value, Satisfaction, Loyalty, and Switching Costs: An Illustration From a Business-to-business Service Context [J]. Journal of the Academy of Marketing Science, 2004, 32

(3): 293-311.

[177] Lamin A, Livanis G. Agglomeration, Catch-up and the Liability of Foreignness in Emerging Economies [J]. Journal of International Business Studies, 2013, 44 (6): 579-606.

[178] Lane P J, Lubatkin M. Relative Absorptive Capacity and Interorganizational Learning [J]. Strategic Management Journal, 1998, 19: 461-477.

[179] Lane P J, Salk J E, Lyles A. IJV Learning and Performance [J]. Strategic Management Journal, 2001, 22: 1139-1161.

[180] Ledden L, Kalafatis S P, Samouel P. The Relationship Between Personal Values and Perceived Value of Education [J]. Journal of Business Research, 2007, 60 (9): 965-974.

[181] Lee J R, Chen J S. "Dynamics Synergy Creation with Multiple Business Activities: Toward a Competence-based Growth Model for Contract Manufactures" [A]. In Sanchez R. and Heene A. (Eds) Theory Development of Competence - based Management: Advances in Applied Business Strategy [C]. Stanford, CT: JIA Press, 2000.

[182] Lee S, Geum Y, Lee S, et al. Evaluating New Concepts of PSS Based on the Customer Value: Application of ANP and Niche Theory [J]. Expert Systems with Applications, 2015, 42 (9): 4556-4566.

[183] Leroi-Werelds S, Streukens S, Brady M K, et al. Assessing the Value of Commonly Used Methods for Measuring Customer Value: A Multi-setting Empirical Study [J]. Journal of the Academy of Marketing Science, 2014, 42 (4): 430-451.

[184] Levinthal D A, March J G. The Myopia of Learning [J]. Strategic Management Journal, 1993, 14: 95-112.

[185] Liu J. Study on Enterprise Knowledge Creation Mechanism in the Collaborative Innovation of Industry-University-Research Institutions [J]. Advances in Social Science, Education and Humanities Research, 2017, 120 (12): 87-93.

[186] Liu Y., Wei J. Business Modeling for Entrepreneurial Firms: Four

Cases in China [J]. Chinese Management Studies, 2013, J7 (3): 344-359.

[187] Lu B. Financial Crisis and Sustainable Development of Chinese Manufacturing Industry [J]. Ecological Economy, 2009, 5 (1): 38-49.

[188] Luthans F. The Contingency Theory of Management: A Path out of the Jungle [J]. Business Horizons, 1973, 16 (3): 67-72.

[189] March J G, Simon H A. Organizations [M]. New York: Wiley, 1958.

[190] Makadok C. Toward a Synthesis of the Resource-based and Dynamic-capabilities Views of Rent Creation [J]. Strategic Management Journal, 2001, 22 (5): 487-505.

[191] Masrani S, MacKay B, McKiernan P. Strategy Options and Cognitive Freezing: The Case of the Dundee Jute Industry in Scotland [J]. Futures, 2006, 38 (8): 925 -941.

[192] Mathwick C, Malhotra N, Rigdon E. Experiential Value: Conceptualization, Measurement and Application in the Catalog and Internet Shopping Environment [J]. Journal of Retailing, 2001, 77 (1): 39-56.

[193] Matzler K. Customer Value Management [J]. Die Unternehmung, 2000 (4): 289-308.

[194] Mirvis P H. Environmentalism in Progressive Businesses [J]. Journal of Organizational Change Management, 1994, 7 (4): 92-100.

[195] Mole V, Elliot D. Enterprising Innovation: An Alternative Approach [M]. Frances London: Pinter Publishers, 1987.

[196] Monroe K B, Krishnan R. The Effect of Price on Subjective Product Evaluations [A]. In Jacoby J, Olson J C (Eds.), Perceived Quality. How Consumers View Stores and Merchandise [C]. Lexington, MA: Lexington Books, 1985.

[197] Monroe K B, Chapman J D. Framing Effects on Buyers' Subjective Product Evaluations [J]. Advances in Consumer Research, 1987, 14 (1): 193-197.

[198] Nadkarni S, Barr P S. Environmental Context, Managerial Cognition, and Strategic Action: An Integrated View [J]. Strategic Management

Journal, 2008 (29): 1395-1427.

[199] Nonaka I. A Dynamic Theory of Organizational Knowledge Creation [J]. Organization Science, 1994 (5): 14-37.

[200] Oliver R L. Satisfaction: A Behavioral Perspective on the Consumer (2nd ed.) [M]. New York: M. E. Sharpe, 2010.

[201] Plassmann H, Ramsøy T Z, Milosavljevic M. Branding the Brain: A Critical Review and Outlook [J]. Journal of Consumer Psychology, 2012, 22 (1): 18-36.

[202] Porac J, Thomas H. Taxonomic Mental Models in Competitor Definition [J]. Academy of Management Review, 1990, 15 (1): 224-240.

[203] Rastogi P N. The Nature and Role of IC: Rethinking the Process of Value Creation and Sustained Enterprise Growth [J]. Journal of Intellectual Capital, 2003, 4 (22): 227-248.

[204] Ravichandran T. Redefining Organizational Innovation: Towards Theoretical Advancements [J]. The Journal of High Technology Management Research, 1999, 10 (2): 243-274.

[205] Reger R, A S Huff. Strategic Groups: A Cognitive Perspective [J]. Strategic Management Journal, 1993 (14): 103-124.

[206] Rindova V P, Kotha S. Continuous "Morphing": Competing Through Dynamic Capabilities, Form, and Function [J]. Academy of Management Journal, 2001, 44 (6): 1263-1280.

[207] Rokeach M J. The Nature of Human Values [M]. New York: The Free Press, 1973.

[208] Ruiz D M, Castro C, Armario E. Explaining Market Heterogeneity in Terms of Value Perceptions [J]. The Service Industries Journal, 2007, 27 (8): 1087-1110.

[209] Sawhney M, Wocott R C. The 12 Different Ways for Companies to Innovate [J]. Sloan Management Review, 2006, 47 (3): 74-81.

[210] Schoenfled A H, D J Herrman. Problem Perception and Knowledge Structures in Expert and Novice Mathematical Problem Solvers [J]. Journal of

Experimental Psychology: Learning, Memory and Cognition, 1982 (5): 484-494.

[211] Schumpeter J A. The Theory of Economic Development [M]. Cambridge, MA: Harvard University Press, 1934.

[212] Schumpeter J A. Capitalism, Socialism and Democracy [M]. New York: Harper, 1942.

[213] Sheth J N, Newman B I, Gross B L. Why We Buy What We Buy: A Theory of Consumption Values [J]. Journal of Business Research, 1991, 22 (2): 159-170.

[214] Simon H A. Administrative Behavior: A Study of Decision-making Processes in Administrative Organizations [M]. New York: The Free Press, 1947.

[215] Simonin B L. Ambiguity and the Process of Knowledge Transfer in Strategic Alliances [J]. Strategic Management Journal, 1999, 20 (7): 595-623.

[216] Sinha I, DeSarbo W S. An Integrated Approach Toward the Spatial Modeling of Perceived Customer Value [J]. Journal of Marketing Research, 1998, 35 (2): 236-249.

[217] Smith S, Wheeler J. Managing the Customer Experience [M]. London: FT Prentice-Hall, 2002.

[218] Storbacka K, Frow P, Nenonen S, et al. Designing Business Models for Value Co-creation [J]. Review of Marketing Research (Special Issue—Toward a Better Understanding of the Role of Value in Markets and Marketing, Vargo, S. L. and Lush, R. F.), 2012, 9: 51-78.

[219] Swan J A. Exploring Knowledge and Cognitions in Decisions About Technological Innovation: Mapping Managerial Cognitions [J]. Human Relations, 1995, 48 (11): 1241-1270.

[220] Sweeney J C, Scoutar GN. Consumer Perceived Value: The Development of a Multiple Item Scale [J]. Journal of Retailing, 2001, 77 (2): 203-220.

[221] Teece D J, Pisano G, Shuen A. Dynamic Capabilities and Strategic

Management [J]. Strategic Management Journal, 1997, 18 (7): 509-533.

[222] Tidd J, Bessant J, Pavitt K. Managing Innovation-integrating Technological, Market and Organizational Change (Third Edition) [M]. John Wiley & Sons Ltd, 2005.

[223] Tikkanen H, Lamberg J A, Parvinen P, et al. Managerial Cognition, Action and the Business Model of the Firm [J]. Management Decision, 2005, 43 (6): 789-809.

[224] Tsai W. Knowledge Transfer in Intraorganizational Networks: Effects of Network Position and Absorptive Capacity on Business-unit Innovation and Performance [J]. Academy of Management Journal, 2001, 44 (5): 996-1004.

[225] Utterback J M. The Process of Technological Innovation within the Firm [J]. Academy of Management Journal, 1971 (14): 75-88.

[226] Utterback J M. Innovation in Industry and the Diffusion of Technology [J]. Science, 1974, 183 (4125): 620-625.

[227] Van de Ven A. Central Problems in the Management of Innovation [J]. Management Science, 1986, 32 (2): 590-607.

[228] Von Hipple E. Appropriability of Innovation Benefit as a Predictor of the Source of Innovation [J]. Research Policy, 1982, 11 (2): 95-115.

[229] Walsh J P. Managerial and Organizational Cognition: Notes from a Trip down Memory Lane [J]. Organization Science, 1995, 6 (3): 280-321.

[230] Whitmarsh L. Behavioural Responses to Climate Change: Asymmetry of Intentions and Impacts [J]. Journal of Environmental Psychology, 2009, 29 (1): 13-23.

[231] Woodruff R B. Customer Value: The Next Source for Competitive Advantage [J]. Journal of the Academy of Marketing Science, 1997, 25 (2): 139 -153.

[232] Woodall T. Conceptualising "Value for the Customer": An Attributional, Structural and Dispositional Analysis [J]. Academy of Marketing Science Review, 2003, 12 (1): 1-42.

[233] Yan R. To reach China's Consumers, Adapt to Guo Qing [J].

Havard Business Review, 1994, September-October: 66-74.

[234] Yin R K. Case Study Research: Design and Methods [M]. Thousand Oaks: Sage, 1994.

[235] Zahra S A, George G. Absorptive Capacity: A Review, Conceptualization and Extension [J]. Academy of Management Review, 2002, 27: 85-203.

[236] Zauner A, Koller M, Hatak I. Customer Perceived Value-conceptualization and Avenues for Future Research [J]. Cogent Psychology, 2015 (2): 1-17.

[237] Zeithaml V A. Consumer Perceptions of Price, Quality, and Value: A Means-end Model and Synthesis of Evidence [J]. Journal of Marketing, 1988, 52 (7): 2-22.

[238] Zollo M M, Winter S G. Deliberate Learning and the Evolution of Dynamic Capabilities [J]. Organization Science, 2002 (13): 339-351.

附录　调研提纲

特别说明：

1. 我们是创新与企业发展研究课题组，正在进行企业转型升级相关问题研究，目的是探讨技术创新、价值创新与企业转型升级之间的关系。衷心感谢您对本次调查的参与和支持！

2. 调查中的“技术创新”是指通过技术的改进或突破，实现企业经济效益的增长；“价值创新”是指通过提供顾客价值的飞跃以创造新市场的方式，实现企业的可获利增长。

3. 您提供的所有资料仅供研究之用，如果需要，我们可以签订保密协议。对涉及的保密事项，我们保证在后续的研究工作中以特殊符号代替。

4. 就所提到的问题，您提供的资料及回答越详细越好。

5. 如果您希望得到本研究的最终成果，请留下您的 Email 或联系电话。

第一部分：公司概况

公司地址、成立时间、经营范围、公司规模、产能、产品销售范围、创新产品的产销比例、财务及收益状况、行业地位、获得荣誉及荣誉获得时间等。

第二部分：初创阶段

1. 贵公司创立的动因是什么？请从创立时的市场需求、国内外竞争态势、产业政策、法律法规、地域环境等方面进行描述。

2. 初创阶段，公司的经营范围是什么？

3. 初创阶段，贵公司的优势是什么？具体来说，在这一阶段，贵公司在技术上的优势体现在哪些方面？在市场开拓、营销方面有没有一些创新性的举措？

4. 初创阶段，贵公司遇到的主要挑战是什么？是如何应对这些挑战的？

第三部分：转型阶段

1. 贵公司发展至今，有没有经历过转型？如果有，大致经历了几次转型？每次转型的动因及时间阶段是什么？

2. 您对不同转型阶段的界定依据是什么？

第四部分：技术创新

1. 贵公司在每个转型阶段的技术创新体现在哪些方面？在不同转型阶段，贵公司分别采取了哪些措施以保障技术创新活动的有效进行？

2. 每次技术上的创新带来的收益体现在哪些方面？

3. 在贵公司不同转型发展阶段的技术创新活动中，有哪些属于虽然给企业带来了好处，但并没有提升顾客价值的技术创新活动？有哪些是基于国家法律的要求被动开展，但并未给企业带来直接利益且不增加顾客价值的技术创新活动？

第五部分：价值创新

1. 贵公司在每个转型阶段，采取了哪些与众不同的顾客价值提升策略？

2. 在不同转型发展阶段实施的顾客价值提升策略中，哪些是通过技术上的支持才得以实现的？

3. 贵公司采取的顾客价值提升策略取得了哪些收益？

第六部分：未来展望

贵公司目前发展遇到的主要挑战是什么？贵公司准备如何应对这些挑战？